大学生人际交往理论分析与实践探索

刘晓燕　著

中国商务出版社

图书在版编目（CIP）数据

大学生人际交往理论分析与实践探索 / 刘晓燕著
. -- 北京：中国商务出版社，2020.12
ISBN 978-7-5103-3636-2

Ⅰ.①大… Ⅱ.①刘… Ⅲ.①大学生－人际关系学－
研究 Ⅳ.①C912.11

中国版本图书馆 CIP 数据核字(2020)第 240403 号

大学生人际交往理论分析与实践探索
DAXUESHENG RENJI JIAOWANG LILUN FENXI YU SHIJIAN TANSUO

刘晓燕 著

出　　版：中国商务出版社
地　　址：北京市东城区安定门外大街东后巷 28 号　　　邮编：100710
责任部门：职业教育事业部（010-64218072　295402859@qq.com）
责任编辑：陈红雷
总 发 行：中国商务出版社发行部（010-64208388　64515150）
网　　址：http：//www.cctpress.com
邮　　箱：cctp@cctpress.com
排　　版：刘晓慧
印　　刷：北京市兴怀印刷厂
开　　本：710mm×1000mm　1/16
印　　张：13.25　　　　　　　　　　　　　字　　数：210 千字
版　　次：2021 年 4 月第 1 版　　　　　　印　　次：2021 年 4 月第 1 次印刷
书　　号：978-7-5103-3636-2
定　　价：79.00 元

前　言

　　人类文化活动的共同性和连续性表明人类个体之间存在着不可摆脱的相互关系，这就是人们的社会关系。人是一切社会关系的总和，社会关系的维系要通过人际交往活动来实现。交往是人类特有的社会活动和存在方式，交往对于人的生存发展至关重要。人际交往关系是否和谐对大学生是否能健康成长具有重要影响。建立正确的人际关系对大学生至关重要。在当今社会下，人际交往成为了事业能否取得成功的关键要素。如果缺乏人际交往的能力，会影响到人们所拥有的才华和能力得到充分的施展。人际交往能力是人才发展基础、身心健康的要素、事业成功的关键。据统计，人们事业能否取得成功与人际交往能力有很大的关系。因此，注重培养人与人之间的沟通和交往能力是人才育成的重要部分。对于当代大学生来说，具备良好的沟通能力是融入社会的必然条件。

　　当代的大学生基本以独生子女家庭居多，从小娇生惯养。加上受全球化影响，我国与世界的政治、经济、文化联系日益密切而使我国价值观实现多元化的发展态势。所以上述客观条件对大学生的价值观念产生重要影响，同时在互联网的影响下使大学生无法正确处理好虚拟和现实的关系。这些因素导致了大学生在人际交往方面存在一些问题，使大学生群体之间人际不和谐现象时有发生。这些问题涉及了新时代大学生交往观念、交往内容、交往行为等方面。大学生是国家承前启后的一代，承担历史使命与祖国的未来，同样也是国家繁荣与社会发展的重要力量。解决大学生的人际交往问题不仅有利于大学生的全面发展，还有利于国家和社会的进步。那么，大学生该如何提升自己的人际沟通与交往能力？人际交往中的交往障碍是什么？如何取得和谐的人际关系？本书着重针对这些方面进行详细分析与研究。

　　本书内容具有注重理论联系实际的特点，其内容丰富且全面、语言通俗易懂、逻辑思维顺畅，主要围绕大学生人际交往理论分析与实践探索进行详细叙述。本书分为七章，分别为：人际关系与人际交往的理论概述；大学生人际交往的现状与存在的问题；大学生人际关系的类型与特点；大学生人际交往的特征与技巧；大学生人际交往障碍概述与对策；人际交往艺术与大学生礼仪培养；大学生人际交往的改善对策。本书以大量的实证材料为基础，针对大学生人际交往中存在的问题，提出了一些具有针对性的辅导策略。

本书在编写过程中借鉴了许多专家和学者的相关著作，在此，谨对他们表示由衷的谢意！限于水平，书中如有疏漏之处，敬请各位专家和学者给予批评和指正！

作　者

2020年9月

目　　录

第一章 人际关系与人际交往的理论概述

第一节 人际关系与人际交往的描述

一、人际关系与人际交往的概述

（一）人际关系的概述

人际关系是人与人之间，在进行物质或精神交往过程中发生、发展和建立起来的互动关系。这一概念包含以下三点内容：第一，作为个体的人，都不可避免地要与他人进行物质或精神方面的交往；第二，人与人之间在交往和互动中会发生、发展和建立某种关系；第三，人与人之间在交往中总是维系着某种心理联系。

（二）人际交往的概述

人际交往是指人们在社会生活中交流信息、沟通感情、相互作用和相互知觉的过程，它表现为人与人之间的心理距离，反映着人们寻求满足需要的心理状态。人际交往具有两个最基本的特征，即沟通和相互作用。人际交往的直接结果是建立一定的人际关系，即人们在社会活动过程中所形成的建立在个人情感基础上的相互联系，这种关系也表现为人与人之间心理上的关系。而这种关系一旦建立，又反过来影响和制约着人们的交往。因此，有的学者主张人际交往就是人际关系，它们应是同一个概念；虽然前者强调动态的相互作用，后者强调静态的情感联系，但它们的本质都是指人与人之间的心理距离关系。

人际交往的心理因素包括认知、动机、情感、态度与行为等。认知是个体人际关系的前提；动机在人际关系中有着引发、指向和强化功能；情感是人际关系的重要调节因素，人们在交往过程中，总是伴随着一定的情感体验，如满意与不满意、喜爱与厌恶等，人们正是根据自身情感体验来不断调整人际关系。情感直接关系交往双方在情感需要方面的满足程度，即心理距离。所以，情感是人际关系中最重要的部分，它往往被当作判断人际关系状态的决定性指标；态度是人际交往的重要变量，每时每刻都在表现某种态度，态度直接影响着人际关系的建立、形成与发展。

人的成长、发展、成功、幸福都与人际关系密切相关。没有人与人之间的关系，就没有生活基础。因此，正常的人际交往和良好的人际关系是个体获得幸福生活的保证，它能让人心情舒畅、工作顺利、合作愉快；良好的人际关系还是个体身心健康、成长的基本条件，它能让人获得自信，在交往中有安全感；同时，良好的人际关系还是社会安定团结的保障，能让社会生活正常运行，有效发挥群体实力。

二、人际关系的基本特质与基本功能

（一）人际关系的基本特质

1. 社会性

人的社会性正是人际关系的本质属性。首先，人际关系的社会性体现在人们是在赖以生存的劳动中形成的相互依存的关系。其次，人际关系的社会性还体现在人们是运用在劳动中产生发展起来的语言系统进行交往的。最后，人际关系的社会性在现代社会中体现得更明显。

2. 客观性

人际关系的客观性体现在人际关系的形成和发展规律具有客观性。一是人际关系的确立条件具有客观性。人际关系的确立必须具备三个条件，第一，人际关系的主体——人；人际需要；人际接触或互动。这三个条件缺一不可。第二，人际关系的形成具有客观性。人的日常生活中直接形成的人际关系包括亲缘关系、地缘关系等。第三，人际关系的发展规律具有客观性。网络时代的到来导致了在全球范围内出现了迅猛异常、波及面极广的人—机—人互动的新型人际关系——网际关系。

3．情感性

情感是人际交往的动力系统。在人际交往中，人的情感可以大致分为两类：一类属于结合性情感，另一类属于分离性情感。结合性情感具有积极性，促使人们相互接近、吸引、接纳、沟通、理解等。分离性情感具有消极性，促使人们相互疏远、脱离、回避、紧张、不协调等。

在人际交往中，结合性情感越强烈，分离性情感越薄弱，交往程度越高；反之，结合性情感越薄弱，分离性情感越高，交往程度越低。

（二）人际关系的基本功能

人际关系由认知成分、情感成分和动作成分三个部分组成，它们相互联系、不可割裂。但是，在不同的人际关系形成中，它们所占的比重是不同的。例如，在家庭关系中情感的成分特别突出，在工作群体中认知成分较为重要，而在各项服务行业中动作成分起着最为重要的作用。正因为如此，人际关系就具有多方面的功能。

1．获得信息的功能

人际交往与用书本获得信息相比，有内容更广泛、渠道更直接、速度更快等特点。随着交际范围的扩大和友情的加深，我们能认识更多的人，听到更多的事，交换更多的思想，获得更多的信息。

2．认识自我的功能

人可以在与他人的交往中，在与别人的比较中，以及别人对自己的态度和评价中，认识、调整和改进自己，提高自我认识的水平。

3．协同合作的功能

通过交往，可以相互促进、取长补短，使单独的、孤立无援的个体结成一个强有力的集体，从而来共同战胜困难、完成任务。

4．身心保健的功能

那些交际面广的人往往精神生活丰富，身心也更健康些；相反，那些性格孤僻、不合群的人，往往有更多的烦恼和难以排遣的忧虑，因而也会有更多的身心健康问题。

三、人际交往的基本过程与基本规律

（一）人际交往的基本过程

人际交往是由信息交流、动作交换和相互理解三个过程构成的复杂活动。

1. 信息交流

信息交流也叫人际沟通，指的是社会中人与人之间在共同活动中彼此交流思想、感情和知识等信息的过程。人们在交往中总要把自己的所见所闻告诉其他人，把自己的想法和感受告诉别人，同时也了解到交往对象的观点和态度，进而决定是否修正自己的观点或设法改变其他人的观点，这就需要进行人际沟通。

进行信息交流的手段有言语和非言语两种形式，因此可以将人际沟通分为言语沟通和非言语沟通两种。言语沟通是通过语言这种媒介而实现的信息交流，是人们对书面语言和口头语言的应用，是人际沟通的主要手段。非言语沟通是通过语言以外的媒介，主要是各种表情（面部表情、言语表情）和肢体行动（肢体语言）实现的信息交流。非言语沟通是言语沟通重要的补充形式，能起到增强表达、促进理解的作用。

2. 动作交换

人们在交往中除了运用各种手段进行信息交流外，还伴随着必要的动作。例如，在商业活动中的"一手交钱，一手交货"，教学活动中的"手把手"，朋友相聚时的"抱成一团"，亲密接触时的"勾肩搭背""手挽手"等，都是交往中的动作交换。有时，人的交往不用说话，仅是通过动作上的你来我往，便完成了交往过程，甚至还能产生"此时无声胜有声"的效果。

3. 相互理解

交往中的相互理解，是交往成败的关键。如果进行一番信息交流和动作交换以后，双方都在思考"他这是什么意思"，那这样的交往就未达到预期效果。在和一个人交往时，首先要探寻他的心灵、他的内心世界。

相互理解包括三个方面，即意义理解、情感理解和动机理解。理解对方所提供信息的内容，明白对方在表达什么，这是意义理解；根据对方提供信息的方式，领悟其表达方式中所包含的情感和态度，这是情感理解；而洞察其提供信息的意图，也就是明白对方为什么要表达这个信息，就是动机理解。

所以，在交往中要善于"察言观色"，以实现真正的相互理解，避免因对信息的误解而导致误会，造成交往的障碍。

（二）人际交往的基本规律

人际交往主要有三大基本规律，它们经常地、普遍地发生作用，时时刻刻影响着人们的人际交往。

1．趋同规律

年龄相同的人、经历相似的人、情趣类似的人和态度一致的人之间，就更容易谈得来，彼此容易产生好感和心理上的共鸣。

2．互补规律

一是需求上得到互补；二是利益上的互惠。前者缘于心理上的需求，后者则出于对经济上的利益需要。

3．回报规律

一是积极型回报，即受人之恩，常怀感恩之心；二是消极型回报，即指个体在遭受挫折之后，对构成挫折的人，采取报复行为。

第二节　人际关系的形成与发展趋势

人际关系的形成与发展是一个极其复杂的过程。为了深刻认识这个过程，我们将从人际关系的发展历程、形成人际关系的条件和人际关系的发展趋势等几个方面进行探讨。

一、人际关系的形成过程

（一）人际关系与社会形成关系

人际关系是人由动物进化为人之后逐渐形成的关系。

1．原始社会的血缘关系

血缘家庭是人类的第一种社会组织形式。血缘关系在原始社会中是占据统治地位的人际关系。

2．封建社会的宗法关系

宗法关系是以宗法制度为基础建立起来的按家族血统远近区分亲疏贵贱的等级关系。

宗法制度发端于原始社会的父系家长制，形成于奴隶社会，到封建社会日臻完备。宗法制度以家族为中心，以血缘为依据划分并确定人的等级，为家族世袭制度服务。宗即家族，有大、小之分。嫡长子孙为大宗，其余子孙为小宗。按照宗法制度，大宗贵于小宗，小宗服从大宗。

宗法关系是封建社会人际关系的基本特征。封建社会的宗法关系具有以下特点：以血缘关系为基础；以等级差别为准则；以土地占有为标准。

3．社会主义社会的平等关系

（1）平等关系的表现。

平等关系主要分为三种类型，其具体内容是经济上的平等、政治上的平等、生活中的平等。

（2）平等关系的建立。

建立社会主义新型的人际关系必须注意以下几点：

① 必须以马克思主义和社会主义思想为指导，批判封建主义、资本主义的人际关系理论与思想；特别需要警惕以维护个人的尊严、价值、权利为幌子而兜售极端利己主义的资产阶级自由化思潮。

② 重视并应用协调人际关系的理论和方法，改善人际关系的结构和状态，增强人与人之间的诚信度、和谐度、吸引力、凝聚力。

③ 提高全民族的素质，培养一代有理想、有道德、有文化、有纪律的社会主义新人。个体的良好素质是建立和谐人际关系的前提。

（二）人际关系形成的具体条件

任何具体人际关系的形成或确立，都需要人与人的相互接触及对所接触的人加以选择，在选择交往对象的过程中相互近似、相互补充、相互悦纳，从而产生较强的人际吸引力，这四者也是形成人际关系的基本条件。

1．相互接触

通过相互接触从而接近能为建立人际关系提供便利条件。距离接近是指在暂不考虑其他因素的影响或者其他因素的影响相同的情况下，人们在居住、学习和工作场合上空间距离越小，就越容易接近并建立起人际关系。这一因素在人际交往的早期显得尤为明显。

2．相互近似

相互近似是指双方交往主体如果意识到彼此在个人特性方面具有相似之处，则更容易相互吸引并建立人际关系，而且两者越相似，则越能相互吸引，产生亲密感。态度、信仰、政治思想观念等是最主要的相似特点。

3．相互补充

对于短期伴侣来说，互补性是关系发展的主要推动力。人际关系的适应模式按照人的性格分为主动型和被动型，将互相补充的情况分为包容、控制、感情三种类型。感情深厚的夫妻和配合默契的上下级，一般具有相似的追求互补的动机，具有相似的处事态度和价值观念。

4．相互悦纳

悦纳即喜欢，相互悦纳就是相互喜欢。相互悦纳的具体条件主要有优美、回报。

（三）人际关系形成的先决条件

人际关系的形成和发展的先决条件是指对于人际关系形成和发展具有普遍促进作用的决定性条件，有的学者称其为动力系统，包括人的生产、物质生产和精神生产。任何人际关系的形成或确立都是社会内部这三种生产相互作用和协同发展的结果。

1．人的生产

一是人的生产形成的人际关系。生产形成了家庭关系、亲属关系、社会关系；二是人的生产对人际关系的影响。人口数量、人口质量对人际关系的影响。

2．物质生产

一是物质生产推动人际关系的形成和发展；二是物质生产的发展导致人际关系的变化；三是物质生产的发展促进交往范围的扩大；四是前代人的物质生产制约后代人的人际关系。

3．精神生产

精神生产对人际关系形成和发展的影响主要表现在以下三个方面：

（1）思想意识对人际关系的影响。

一是相同的思想观念是维系良好人际关系的纽带；二是思想意识是否正确决定着人际交往是否恰当；三是思想认识的深浅程度影响结交人际关系的速度。

（2）知识层次对人际关系的影响。

随着社会的不断进步，知识层次对人际关系的影响也越来越大。

（3）精神产品的生产方式对人际关系的影响。

人的生产、物质生产和精神生产都是形成和发展人际关系的条件，但它们的作用却不尽相同。人的生产形成和发展了人与人之间的血缘关系；物质生产决定了人们必然结成某种关系，也决定了人的生产和精神生产发展的水平；精神生产决定了人们在客观条件相同的情况下有选择地建立人际关系。这三种条件的相互结合、相互补充，成为人际关系形成和发展的先决条件或动力系统。

（四）人际关系形成的时间条件

人际关系形成和发展的时间条件是指对于发展人际关系来说需要经历的过程。人际关系的发展具有正、负方向的区别。正向发展就是逐步建立人际关系的过程，分为注意、吸引、适应、融合、依附五个阶段。负向发展就是人际关系的恶化过程，分为漠视、冷淡、疏远和分离四个阶段。

人际关系的建立在时间上需要经历以下五个阶段：

1．注意阶段

两个人互相注意并可能以对方作为知觉对象和交往对象时，这就说明双方已进入了人际关系的注意阶段。注意阶段持续形成和发展的时间可能非常短暂，产生注意的原因也许出于偶然，但这却是人际关系发展的必经阶段。注意阶段既可能成为建立良好人际关系的开端，也可能因为对方缺乏吸引力而未与其发生交往，也就不会建立关系。

2．吸引阶段

吸引阶段是建立人际关系的初级阶段，即交往对象彼此之间进入了角色性接触和交往。一般来说，导致双方相互吸引的因素有三种：相似、互补、诱发。所谓诱发吸引，是指由于某一刺激因素的偶然出现，引起双方的交往兴趣而导致的相互吸引。

3．适应阶段

适应阶段的主要表现是交往双方能够互相合作，在合作过程中互相帮助，共同完成某项活动。

4．融合阶段

融合阶段的主要表现：如双方在一起时，在服饰方面力图使对方感到满意，应对方的要求而改变某些不良习惯等。融合阶段在情感上产生了依赖感。

5．依附阶段

依附阶段是人际关系发展的高级阶段或最高层次。双方表现出强烈的情感依恋，彼此间无话不谈、心心相印、唇齿相依，相互的了解达到了知心的程度。情感上达到融合的程度，生活上已经具有明显依赖的迹象。

（五）人际关系恶化的形成过程

人际关系的恶化一般经历以下四个阶段：

1．漠视阶段

人际关系恶化始于漠视，漠视就是对对方表现出一种漠不关心的态度。具体表现为转移对对方的注意力，扩大双方的交往距离，不再与其说话、合作等。

2．冷淡阶段

冷淡是在漠不关心的基础上表现出更多的否定态度和行为。比如，在某个社交场合，你不想穿过拥挤的人群去向某个朋友打招呼，这属于漠视；而当那位朋友走过来想同你说话时，你却显得没有兴趣，甚至不予理睬，这便属于冷淡。

3．疏远阶段

疏远阶段就是双方力图避免接触，即使偶尔交往，往往也是不愉快的接触。从体态语言方面来看，有意扩大交往距离，表情上明显具有不乐意、不情愿交往的表现。

4．分离阶段

分离阶段是人际关系恶化的最后阶段。这时双方处于完全失去联系的状态。

二、人际关系的发展背景与发展趋势

（一）人际关系的发展背景

21世纪的世界快速发展，21世纪的中国加快了向现代化社会迈进的步伐，新世纪表现出诸多的新变化，这些变化构成了当代人际交往发展的历史背景。

1．科学技术与信息社会的发展

历史遵循着由低级向高级的规律发展。作为人类智慧和力量体现的科学技术也随着历史的发展从低级走向高级。进入21世纪，科学技术继蒸汽机、电动机和微电子三次革命后，又实现了以信息技术和机器人为主导的第四次革命，即高技术、高智能革命。随着科学技术的新革命，人类社会也继农业社会和工业社会之后，进入了一个新的时代——信息时代、一个新的社会——信息社会。

信息时代是以信息科学革命和信息技术革命为基础的。信息科学是研究一切信息的获取、变换、传输、存储、处理、利用和控制理论的，是以信息及其规律作为主要研究对象的一门科学。信息技术是应用信息科学的原理和方法进行信息采集、传播和加工处理的技术，通常称为"3C"技术，即通信（Communication）、计算机（Computer）和控制（Control）技术。其主要包括：扩展人的感觉器官采集信息功能的感测技术；扩展人的神经系统传递信息功能的通信技术；扩展人的思维器官处理信息功能的计算机技术；扩展人的效应器官施用信息功能的控制技术。[①]在信息技术中，构成信息时代产生的催化剂和杠杆是智能工具，即电子计算机以及由计算机的相互联结而构成的信息网络。智能工具的普遍应用导致了社会生产力的信息化和整个社会的信息化。社会的信息化诞生了信息社会。

人类社会到目前为止经历了农业社会、工业社会和信息社会三个历史阶段。信息社会较之工业社会具有重大变化。其表现为：在生产方式上，工业社会最基本的生产要素是资金、设备等有形资产，经济发展的基础设施是电网、交通网；而信息社会最基本的生产要素是知识和智力等无形资产，经济发展的基础设施是信息网络。在生活方式上，工业社会人们的生活节奏较慢，交往的范围较窄；而信息社会由于计算机、互联网的普及和市场竞争的加剧，人们的生活节奏大大加快，交往范围大大拓宽。在管理方式上，工业社会以对实物性资产形态的管理为基础，实行的是物性化的、专制式的管理；而信息社会则是以对知识、智力等无形资产的管理为基础，实行的是人性化的、民主式的管理。总而言之，信息社会的互联网技术，使人们能够超越空间的限制和沟通的"界面"，与世界各地的人们联结起来，使世界成为"地球村"。

我国属于后发展国家，世界信息化的背景，将我国从还未彻底完成的由农业社会向工业社会转变的过程推向了信息社会，从而形成了三种社会并存的状况。这种状况造成了我国目前不论是经济、政治还是文化都是含有古今中外多种因素的混合态。比如在社会生产力上，就呈现出既有以计算机信息化处理为主的当代科学技术，也有机械化大生产的现代技术，还有以手工为主的传统技术的复杂态。生产力是社会发展的最终原因与动力。生产力的多样化决定了社会结构中其他方面的多样化，我国目前不论是经济结构中的所有制关系与分配关系，政治领域中的阶级、阶层关系，还是思想文化领域中的价值观等都呈现出多元、多样的特点。社会经济、政治、文化的变化必然带来人际交往活动及其关系的变化。因此，科学技术的发展、互联网的普及、信息社会的出现，必然带来当代人际交往活动的新特点。

[①] 张文俊. 当代传媒新技术[M]. 上海：复旦大学出版社，1998：340.

2．对外开放与多元文化的发展

在冷战时期，社会主义各国的对外交往和经贸合作基本局限于社会主义阵营之内，几乎隔绝了与其他国家尤其是西方资本主义国家的联系。随着世界经济全球化的不断发展，各个国家都在面对一个事实，要想发展本国的经济、文化和科技，必须实行对外开放方针，必须吸收国外先进的科学技术、管理经验乃至人类创造的共同文明成果。闭关自守，自我孤立于世界之外，只能阻碍自身的发展。20世纪80年代以来，随着革新事业的逐步展开，社会主义各国相继调整对外政策。进入90年代以后，面对政治多极化的国际环境，社会主义国家以更加积极的姿态步入世界舞台，与包括资本主义国家在内的各国，在政治、经济贸易、文化等诸领域进行交流与合作，其对外开放进入了一个崭新的阶段。

越南从越共六大革新开放路线确立后，开始了全方位的对外开放。越南政府通过《对外投资法》，完善了吸引外资的优惠政策和条件，使对外开放不断扩大，促进了越南社会经济的发展。同时，越南还注重与周边国家建立睦邻友好关系，着力改善与西方发达国家的关系，通过加入东盟和亚太经合组织等方式主动融入世界经济一体化。老挝从20世纪90年代初起，逐渐摆脱了对外关系"一边倒"的状况，积极融入国际社会之中，大力发展对外经济合作，主动参与国际和地区事务，推进与世界各国的友好交往，促进了社会经济、政治的发展。自东欧剧变后，古巴为了生存与发展，古共四大通过了关于国家经济发展的决议，提出了要鼓励外资的发展。通过若干新法案，为外资进入古巴提供了优惠的条件。此外，古巴政府还主动调整外交战略，推行"全方位的对外政策"，为古巴社会主义事业的巩固和发展创造了良好的国际环境。朝鲜根据国内建设的需要，进行了意在全面加强和改善与世界各国关系的外交战略调整，为国内经济的恢复和发展奠定了基础。

对于中国应该走对外开放之路，中国改革开放的总设计师邓小平有一系列的指示。早在1978年10月邓小平就指出："六十年代前期我们同国际上科学技术水平有差距，但不很大，而这十几年来，世界有了突飞猛进的发展，差距就拉得很大了。同发达国家相比较，经济上的差距不只是十年了，可能是二十年、三十年，有的方面甚至可能是五十年。"①何以解决与世界先进水平的差距呢？对此，邓小平多次指出："为了发展生产力，必须对我国的经济体制进行改革，实行对外开放的政策。"②"不开放不改革没有出路，国家现代化建设没有希望。"③

中国的对外开放开始于1978年党的十一届三中全会。在这次会议上党中央提出了"积极发展同世界各国平等互利的经济合作，努力采用世界先进技术和先进设备"的思想。十一届三中全会上，政府总结了新中国成立以来的历史教训，决定实行对外开放方针，制定了一系列政策，促进我国经济的改革与发展。1987年党的十三大，明确提出了党在社会主义初级阶段的基本路线，即领导和团结全国各族人民，以经济建设为中心，坚持四项基本原则，坚持改革开放，自力更生，艰苦创业，为把我国建设成为富强、民主、文明的社会主义现代化国家而奋斗。

改革开放40多年来，随着对外开放的不断扩大，随着我国社会经济成分、组织形式、就业方式、利益关系和分配方式日趋多样化，社会思想文化日趋呈现出多元、多样、多变的特点。多元是就社会思想文化的性质而言的。其体现在社会思想领域中，就是既有占社会主导地位的马克思主义、社会主义核心价值体系；也有各种非马克思主义的思想意识，如拜金主义、极端个人主义、享乐主义等；还有一些反马克思主义的错误思想，如新自由主义、历史虚无主义等。既有社会主义的主流思想，也有资本主义的错误思想和腐败观念，还有封建主义的思想残余。多样是就社会思想文化的内容而言的。其体现在社会思想领域中，就是既有进步向上的思想，也有反动落后的思想；既有正确科学的思想，也有偏颇谬误的思想；既有积极健康的思想，也有消极腐朽的思想；既有高尚文明的思想，也有低级庸俗的思想。多变是就社会思想文化的发展而言的。其在社会思想领域的体现是，随着知识更新和社会生活变化速度的加快，随着互联网的普及，人们的思想观念在不断地变化、不断地除旧布新。

随着全球化的发展、国门的打开、西方伦理价值观的渗入，中西文化与政治

---

①邓小平文选（第2卷）[C]．北京：人民出版社，1994：132.
②邓小平文选（第3卷）[C]．北京：人民出版社，1993：138.
③邓小平文选（第3卷）[C]．北京：人民出版社，1993：219.

价值的冲突和碰撞比任何时候都更加强烈。社会思想文化的多元、多样、多变的特点必然影响到人们的交往观念和交往行为，使其呈现出新的特点。

（二）人际关系的发展趋势

1．社会性增强，自然性减弱

（1）自然性的表现

按血缘、地缘远近区分亲疏的人际关系，是自然性在人际关系中的表现。

（2）社会性的表现

血缘关系、地缘关系对人际关系的影响逐步缩小，人们的家族观念、家乡观念也随之淡化。取而代之的是工作单位、就读学校、所学的专业、从事的职业。例如，过去办事主要靠亲友和邻居，现在主要是靠单位和组织。

人际关系的社会性在不断增强，而自然性在逐渐减弱。这对于人际关系的发展来说是一个巨大的进步。

2．自主性增强，依赖性减弱

（1）依赖性的具体表观

人际关系的依赖性主要表现为：子女依赖父母；女人依赖男人；本人依赖他人；下级依赖上级。

（2）自主性的具体表现

人与人之间的依赖关系逐步转变为自主关系，主要表现在以下三个方面：自主建立人际关系；主动处理人际关系；独立意识普遍增强。

3．平等性增强，等级性减弱

（1）由纵向控制到横向联系

由纵向控制到横向联系是指在自觉、自愿、自主、平等的基础上形成横向联系的人际关系。纵向的人际关系、人际交往同横向的人际关系、人际交往相结合，使得人际关系更加复杂多样、丰富多彩。

（2）由单向交往到双向交往

由单向交往到双向交往是指单向交往正在逐渐发展为双向交往或多向交往，

一方制约另一方的关系正在被双方或多方共同参与、共同决定的关系所取代。

4．开放性增强，封闭性减弱

现代化、全球化、信息化、商品化的发展趋势使得人际关系由过去的封闭状态逐渐形成开放趋势。

5．合作性增强，分散性减弱

人际关系中的分散孤立状态正在逐渐被相互合作所取代，这是人际关系发展的一个重要趋势。

（1）合作性增强的原因。

当生产社会化程度较高时，生产过程复杂，社会分工精细，产品的知识含量高，任何个人都无法掌握生产所需要的所有技术，只有和越来越多的人进行越来越多的合作，才能开展工作、提高效率。劳动者和他人合作的动机和需求与日俱增。

（2）合作性增强的趋势。

人类社会越是向前发展，生产社会化程度就越高，人与人之间的合作既是社会发展的必然趋势，也是劳动者本身的动机和需求。

（3）目前的基本情况。

随着社会主义现代化建设和改革开放的深化，人与人之间合作的领域越来越广泛，合作的动机和需求越来越迫切，合作的程度也将得到加深。

6．复杂性增强，单一性减弱

科学技术革命的浪潮推动并促进了人际关系的变化，主要表现在以下三个方面：人际关系的变化节奏加快；人际关系由单一化向多样化转变；人际关系由重复向更新发展。

第三节　人际关系应遵循的交际原则

俗话说："无规矩不以成方圆。"原则即规范、规约，是引领个人人际交往的方向和指南，是个人人际交往遵循的基本准则。在人际交往中如果不遵循基本的原则，我行我素，则注定在人际交往中会碰钉子，进而影响个人正常的学习与生活。因此，遵循人际交往的基本原则，培养规则意识，是人际交往顺畅进行的前提，是人际关系得以建立的基础。

一、差异性原则

人际交往的差异性原则告诉我们，在人际交往中一定要关注和重视人们之间的个别差异，尊重每个人的个性，尽可能地与大家和谐相处，正常往来。因为每个人成长的环境、家庭教养方式、所接受的文化教育等都不尽相同，所以不能以自我为中心，不能以自己的世界观、价值观、人生观和交往观去衡量别人，去指责和要求别人，要以包容的心态接受每个人，尊重个体差异。

个人在人际交往中，一定要遵循差异性原则，认同个体差异，确立兼容大度的交往观，方可与人进行广泛的交流。个人的成长经历了一个从中学相对稳定的同质性环境进入大学异质性强的特殊环境，一些个人在人际交往中始终按照自己的价值观和自己既定的方式去与人相处，由于不能适应这样一个新的环境和新的交往方式，在人际交往中陷入了迷惘的困境。

在人际交往中贯彻差异性原则，需要做到这样几点：

1. 了解对方

了解对方主要体现在了解交往对象的个别差异，如学习差异、性格差异、思想差异和心理差异等。

2. 个别对待

个别对待主要表现为在交往中有区别地对待不同个人，灵活采用不同的交往方式与方法。

3. 总结经验

认真总结经验，不断在交往中认识自我，扬长避短，兼容并包，以尊重、乐观、包容的心态去接受他人，与他人和睦相处。

二、尊重性原则

如果说差异性原则是人际交往广泛展开的前提和基础，那么尊重则是礼貌交往、文明交往的开端。人际交往的尊重原则是指在人际交往的过程中要以一种平等的态度对待他人，尊重交往对象的人格。尊重性原则是维系良好人际关系的前提和基础，是平等原则在人际交往中的体现，它包括尊重自己和尊重他人。尊重自己就是在各种场合不卑不亢，自重自爱，维护自己的人格、权利、名誉，不容他人的歧视和侮辱；尊重他人就是重视他人的人格、习惯与价值，不伤害他人的自尊心，承认双方的平等地位。

在人际交往中，交往双方由于各种各样的原因，在性格、能力、悟性、生活习惯等方面存在较大差异，但在人格上是平等的，只有充分了解他人、理解他人、重视他人，才能得到他人的尊重。

当今部分"00后"个人有一个明显的特点，在家里受重视惯了，而在与他人交往时往往以自我为中心，往往只要求别人尊重自己、服从自己，自己却不懂得尊重别人，做事不留有余地，以证明自己的胜利，这样很容易伤人，当然也就难以与人相处。要想建立良好的人际关系，树立良好的人际形象，首先就要懂得自我反思，学会欣赏别人，要看到别人的优点和闪光的地方，而不是把自己的优点无限放大。

在个人人际交往中，只有在尊重他人的前提下，交往才能够引发人的信任、坦诚等许多积极的情感，缩短相互间的心理距离。个人在人际交往中要遵循尊重原则，就要求做好以下几点：

1. 对朋友平等相待

对朋友平等相待是指朋友间不应以家庭条件、父母职位、个人容貌、实际能力为标准分等级、分类别对待，应采取一视同仁、平等对待的原则，建立广泛而诚实的朋友交往关系。

2. 尊重朋友的人格

尊重朋友的人格是指不随意暴露朋友的"隐私"，不随意拿朋友的短处和生理缺陷取笑，不传播有损于朋友名誉的流言蜚语，不干涉朋友的私事；尊重朋友们的兴趣、爱好，不轻易否定朋友的意见，不强行改变朋友的观点，不把个人的观点和意见强加给朋友。

3．尊重朋友的劳动

尊重朋友的劳动是指对朋友的关照、帮助和支持应表示谢意，对朋友付出的劳动予以接受和尊重，承认朋友的劳动价值，珍惜别人的时间和精力，并能给予适当的回报。

三、真诚性原则

真诚是人际交往正常发展和深化的保证。真诚性原则是指在待人接物、与人相处、说话办事等彼此交往过程中，要有诚心诚意、坦率真诚的动机和态度。在《孟子·离娄上》中有这么一句话："是故诚者，天之道也；思诚者，人之道也。至诚而不动者，未之有也；不诚，未有能动者也。"[①]意思就是说，诚实是自然的法则；追求诚，是做人的法则。做到至诚而不被感动，是从没有过的事；如果不诚，也从不能感动人。自古人们就把诚实看作非常重要的品德。只有真诚待人，才能在交往中获得真正的友情。

真诚待人是中华民族的优良传统，是做人、做事的一条基本原则。只有彼此以心换心，才能相互理解、相互接纳、相互信任，所谓"精诚所至，金石为开"，用来形容人际交往就是用一颗真诚的心去打开对方的心灵之门。只有坦率地表达自己的观点，真实地反映自己的思想感情、处世态度，才能赢得别人的接纳，才能在与别人的交往中建立起良好的人际关系。在现实人际交往中，真诚的人，朋友满天下，不诚实者则往往孤独无友。这一原则要求人们在交往中要讲真诚、办实事。那种口是心非，心怀叵测的人是难以得到他人的信赖的。

真诚作为一种品格需要长期培养，这就需要个人做好以下两点：

1．为人诚实

诚实是做人的基本品质，是人们相互建立信赖和友好交往的基石。每个人都喜欢同诚实、守信的人打交道。个人在与同学和朋友的交往中，要以诚相待，说实话、办实事、做老实人；不虚情假意，不口是心非，不要小聪明，建立互相信赖的人际关系。

---

① 徐洪兴. 孟子直解[M]. 上海：复旦大学出版社，2004：171.

2．言必行，行必果

言必信，行必果是与朋友交往应言行一致、表里如一、信守诺言。对任何朋友都要做到言必信。对朋友的要求，能做到的就答应；对于做不到的，则不可信口开河，开"空头支票"。凡是能尽力帮助解决的，应全力以赴，否则将失去自己的信誉。做事应善始善终。

四、宽容性原则

宽容性原则是指在人际交往中，正确对待交往双方在各方面存在的差异，在非原则问题上，不斤斤计较，不以怨报德，应宽以待人。

宽容原则和差异原则有很大的相关性，差异原则主要侧重客观方面，即每个人都有自己的个性差别，这就要求我们要尊重这种差异。宽容原则主要侧重主观方面，即因为有客观方面的种种差异，在主观方面，我们才应该宽容别人。

由于生活的经历、生长环境的不同，人与人之间存在着思想、性格、习惯、爱好等多方面的差异，因不理解或误会常产生矛盾是不可避免的，这就要求遵循宽容性原则，做到求同存异，宽以待人。但是宽以待人并不是意味着可以放弃原则，做好好先生。而是要求人们在坚持原则的同时，把原则性与灵活性结合起来，做到合情合理，不苛求于人，不粗鲁相待。宽容性原则也并不是唯唯诺诺，胆小怕事，而是说要有宽阔的胸怀，能容纳人、团结人。宽容是一种美德，它可以使摩擦减少到最低限度，化干戈为玉帛；宽容更是一种涵养，是一种善待生活的美好境界，在善待别人的同时，自己的心灵也得到慰藉。

个人在日常人际交往当中，一定要从长期以来形成的固执好胜，以自我为中心的狭隘圈子中走出来，不断培养自己宽广的胸怀，学会宽容地对待他人，以获得良好的人际关系。当今"00后"个性鲜明，在与同学交往中不可避免地会产生一些矛盾。坚持宽容性原则就是要求个人在人际交往中要谦让大度，克制忍让，不斤斤计较对方的言辞，并勇于承担自己的行为责任。在对方情绪激动，失去理智时沉着、冷静，大可不必"以眼还眼，以牙还牙"，要以宽广的胸怀容纳他人的偏激与无理，使其自觉无趣。需要说明的是宽容克制并不是软弱、怯懦的表现，相反，它体现了你的涵养，是建立良好人际关系的润滑剂。

个人要在人际交往中坚持宽容原则，要做好以下几点：

1．不要求朋友

不以自己做人的标准要求朋友。允许在朋友中存在差异，不企图改变他人，不按自己的标准去衡量和评价他人，承认差别，求大同存小异，和睦相处。

2．不吹毛求疵

金无足赤，人无完人。每个人都有自己的缺点与不足。在交往中多看别人的长处，多发现朋友的优点，不强行改变别人业已形成的观念，做到尊重他人的权益。

3．不做事含糊

做到大事清楚，小事糊涂。在事关原则的"大事"上，不含糊，旗帜鲜明，而在日常生活的"小事"方面，则不斤斤计较，在一些枝节问题上避免纠缠不清，这就是人们常说的"求大同，存小异"。生活中，人与人发生摩擦是难以避免的，宽以待人就可以很好地化解，反之，小事不让人，交往矛盾就会由小变大。

五、互利性原则

互利性原则是指在人际交往中，交往主体双方都能够从对方那里得到一定的利益和好处，相互满足各自的需要。互惠互利是人际交往的基本原则。互利原则，既包括物质方面的，也包括精神方面的。受传统观念影响，人们在交往中更愿意谈人情，而忌讳谈功利。事实上，人与人之间的交往需求是多层次的，可以粗略地分为两个基本层次：一个层次是以情感定向的人际交往，比如亲情、友情、爱情；另一个层次是以功利定向的人际交往，也就是为实现某种功利目的而交往的。在交往过程中，有时是为了满足物质需求，有时则是为了满足精神需求，更多时候是两种因素交织在一起。换言之，人际交往的最基本动机，就在于希望从交往对象那里获取自己需求的精神上的或物质上的满足。所以，按照人际交往互利原则，良好人际交往应采取的策略是既要感情，也要功利。不管是感情还是功利，人际交往是为了满足双方各自的需求。人际交往的延续或不断加深的一个必要条件是：交往双方需求的满足必须保持平衡。否则，人际交往就会中断。也就是说，人际交往的发展要在双方需求平衡、利益均等的条件下才能进行。有人常常抱怨朋友不够意思，不讲交情。其实，这种抱怨是因为朋友没有满足抱怨人的某种需求。所以，一味追求所谓的"没有任何功利色彩的友情"是不现实的，也不必轻率地抱怨朋友"不讲交情"。所以，在交往中，要时时想到互惠这条基本原则，在交往中积极付出，这样就能满足交往对象的需要。人际交往在本质上是一个社会交换的过程。

很多个人人际交往的困惑，就是觉得个人的交往夹杂了功利的色彩，他们认为真正的交往只是一种友情，这种对交往认识上的偏差，影响了其交往的效果，因而很难融入现实中，也很难顺利合理地处理人际关系，解决这一问题就要纠正对人际交往认识上的偏差，意识到互利性原则是人际交往的一个很重要的原则。

个人人际交往过程中的互利主要体现在以下几方面：

1. 珍惜友谊

要珍惜彼此友谊，互惠互利。人际交往活动应该说是一种付出，需要花时间，付出精力，投入感情，真诚面对。你在别人心理或情感上需要你的时候，无私地给予别人以诉说心语的空间，使别人心有所依，于是心灵得到了慰藉，自尊得到了满足，别人会因此把你当成知己。而你通过交流，也获得了丰富的信息和经验，更重要的是你赢得了朋友，为自己和别人营造了一个融洽愉快的人际氛围，使自己能在良好的环境中健康成长，不断成熟。

2. 优势互补

要在交往中注重优势互补、信息共享和共同提高。现代科学技术发展日新月异，新技术、新成果不断涌现，人们获取知识、信息的渠道越来越多。如今的大学校园，新思想、新成果、新时尚不断涌现，个人人际交往所涉及的范围也远远超越以往。在个人日益重视科技创新、崇尚发明创造的大背景中，如果能从广泛人际关系的资源中寻求一种优势的互通、信息的共享，通过团结合作，共同发展，一定会为自己开拓广阔的发展空间。

3. 帮助别人

要在生活上乐于帮助别人的同时收获幸福与快乐。当我们帮助别人的时候，内心常会有一股非常大的成就感，因为我们会觉得生命非常有意义、有价值，付出有收获，这就是人生快乐的源泉。个人在人际交往当中，如果能做到乐于帮助别人，把帮助别人当作一种习惯，那么一旦他有需求的时候，别人也会主动来帮助他。正是有了平时真心的利人行为，才使必要的利己兑现，使自己在接受利己的同时感到欣慰而无愧。

第四节 人际交往的心理需求与指导

一、人际交往的心理需要

心理学家研究认为，人类个体进行社会交往的心理动因可以分为：本能需要、合群需要和自我肯定需要。

（一）本能需要

人的交往需要是一种本能，是在个体发展进化过程中逐渐形成的适应社会生活的能力，它通过遗传直接传递给后代。例如，人类的祖先古猿的自我保护能力很低，与许多野兽相比，它们的体力较弱，奔跑的速度较慢，没有尖利的爪子和牙齿来抵御外敌，古猿必须采取集体行动，依靠集体的力量来抵御外敌的侵害，依靠集体的智慧来保存种族的繁衍和发展。这样，经过漫长的进化和演变过程，古猿逐渐形成了集群的习性，并通过种族繁衍流传给后代。

来自人类个体的研究结果提供了这方面的证据。婴儿一出生就需要周围环境能为其提供温暖、舒适、食物和安全，以保证其健康成长。通常母亲能为其提供这些需要。在婴儿与母亲的积极交往中，婴儿与母亲形成和发展了积极的情感联系，这是人类个体最早形成的社会性交往。大量的研究结果表明，人类个体早期的社会性交往是以后适应社会生活的基础，也是个体个性发展的基础，在母婴的积极交往中，婴儿学会了大量的社会行为规范，形成了许多良好的社会行为，如与人分享、谦让、合作、团结、关心别人等。也正是在与母亲的积极交往和相互作用中，婴儿还学会了参与交往、发动交往和维持交往，解决交往中的冲突和矛盾，习得了最初的社会交往技能，并积累了社会交往经验。大量的研究表明，母婴关系是后天形成诸多社会关系的基础，在很大程度上影响了婴儿日后人际关系的形成和人际关系的质量。

人类天生就有与他人共处，与他人交往的需要，也只有在与他人的正常交往中，保持一定的情感联系，形成亲密的人际关系，人才会有安全感。

人际交往对人类的健康发展不仅具有深刻的生物学意义，而且还具有心理学意义。美国比较心理学家哈洛曾做过一项恒河猴的有趣研究，研究者将小猴与猴妈妈分开，而让它与一个用金属制成的和一个用绒布制成的假妈妈一起生活。金属猴妈妈能为小猴提供食物，绒布猴妈妈不能提供食物。结果，在165天的实验过程中，小猴同金属妈妈和绒布妈妈待在一起的时间有显著差异。小猴在绒布妈妈身旁的时间平均每天达到16小时以上，它总是设法待在绒布妈妈身旁，与其拥抱、亲昵或在绒布妈妈的怀里睡觉。相反小猴每天在金属妈妈身旁待的时间只有1.5个小时，而这还包括吃奶的时间在内。可见，动物之间的依附行为或交往行为取决于机体寻求温暖、舒适的本能需要，温暖和舒适能为机体提供安全感。

（二）合群需要

美国心理学家沙赫特曾经做过一项实验，探讨处于孤独状态下的个体的合群需要。研究者先将被试者分为高恐惧组和低恐惧组，在高恐惧组条件下，主试告诉被试，他们将参加一项电击实验，电击会很痛，但不会留下永久性伤害，而且这项研究是为了获取人类发展的某些有用的资料；在低恐惧组条件下，被试被告知，电击时只是有点痛，感觉有些轻微的震动，不会有任何伤害性后果。然后，在被试等待接受电击的时间里，研究者逐个询问他们，是愿意独自等待，还是想与其他人一起等待。沙赫特的实验研究结果发现（见表1-1），当个体对周围环境缺乏了解和把握时，当个体心情紧张、有高恐惧感时，他们倾向于寻求与他人在一起。而处于低恐惧的情况下，这种合群的需要并不那么强烈。可见，与人交往能增强人的安全感，降低恐惧感。

表 1-1　沙赫特的实验研究结果

条件	选择的百分比			
	与别人待在一起	无所谓	单独	合群程度
高恐惧组	62.5	28.1	9.4	0.88
低恐惧组	33.0	60.0	7.0	0.35

在我们的社会生活中，每个人都具有合群需要，个体不可能没有人际交往，适当的人际交往是人类个体满足自身合群需要的手段。

（三）自我肯定需要

每个个体对自身的了解都来源于社会学习过程，婴儿随着自身生理方面的成熟，对周围环境的认知加深，他们逐渐能够区分自己与周围环境的关系。当能够区分自己与他人的关系时，他们就有了解、认识自己的需要，也就是产生了自我意识。但是个体对自己真正的了解，还必须依赖于与他人的交往。

在20世纪初，美国社会学家查尔斯·霍顿·库利发现，个体对自己的认识是先从认识别人的评价开始的。别人对个体的评价、态度，包括对待他们的行为方式，就像一面镜子，使个体从中了解自己，界定自己，并形成相应的自我。例如，一个人被他的父母所钟爱，被他的教师所重视，被他的朋友所尊重，大家都愿意和他交往，那么这个人就一定会认为自己是一个具有某些令人喜爱的品质的人。如果一个人常常被教师和同学推举担任某项工作，大家有难题时也都愿意向他请教，那么这个人一定会认为自己是一个在某些方面具有才能的人。

自我意识的形成标志着个体社会性的发展，而自我意识最初是通过对别人的评价的意识而发展的。这个过程类似于个体通过照镜子来认识和辨别自己。通过这样的"镜像自我"，个体的自我意识就引导自己塑造了实际的自我，否则，个体就无法正确地认识自己。如果个体从出生起就没有接触过人类社会，那么，尽管他可能各方面的生理机能发展正常，但他的自我意识发展却会受到抑制。所以，在社会生活中与他人进行有效的交往，了解别人对自己的态度和评价，就可以使我们更好地了解自己，确立自己在群体中的地位，并树立相应的可行的奋斗目标。

心理学研究发现，个体总是会选择一些自己在心理上接受的群体与其进行比较，并接受这些群体对自己的影响，把自己的态度、价值观和行为都与之对照。当然这个过程离不开社会交往。事实上，在一般情况下，如果只知道自己的一些品质或某些特征，我们还会觉得不够。比如当我们知道自己的身高已达到160厘米时，还会想知道同龄人的平均身高是多少，自己在同龄群体中是偏高还是偏矮。当教师告诉我们某门课的考试成绩后，我们还会迫切想知道班里其他同学这门课的成绩，从而确定自己这门课的成绩是较好还是较差。人是社会性的动物，只有在与他人的交往中才能形成社会技能和学会各种知识。与他人比较，不仅限于自己生活周围的同龄人，我们有时也会与一些理想中的人进行比较，比如自己的父母、教师、英雄人物、青春偶像等，希望自己像他们一样，所以他们往往会成为我们行动的楷模。

通过与他人比较来了解自己，这虽然是很有用、很简单的方法，但有时也不一定是最理想的方法。别人的评价也不一定就完全正确、客观，有时候也会是不公平的，就像镜子也会反光，也会不平整，也会歪曲我们的形象一样。他人的评价有时也会带有某些偏见，或者别人也不一定完全了解我们的内心世界。在这样的情况下，过分依赖他人的评价来认识自己，就会形成不恰当的自我意识，还会影响自己的行为方式。每个人都会与生俱来地具有一些各自的特点，个体与个体之间的差异是非常大的，所以样样都与别人的要求一致，本身就是不太合理的。另外，个体成长过程中的环境也各不相同，我们每个人都有自己的成长历程，所以一味地要求自己样样都与别人相同也是不符合实际的。正确的做法是既要与别人相比，了解自己与别人的差距和自己的独特之处，同时又与自己相比，看到自己的进步和发展，增强自信心，使自己更好地成长和发展。

总之，我们在社会生活中，绝对离不开人际交往，人际交往是我们认识自己的主要社会来源。但是，我们在人际交往过程中，也不能过分依赖某个人的观点来评价自己，应该学会以辩证的、全面的、发展的观点来认识自己。

二、人际交往的心理指导方法

（一）人际交往的健康心理咨询

心理咨询指导是指咨询人员根据每个人的具体情况，运用心理学的知识和相关原理，通过测评观察等方法，帮助个人发现自己心理问题的症结，以维护和增进个人的心理健康，促进个人健康成长与发展。心理咨询的目的就是引导和帮助个人正确处理成长成才、学习择业、人格发展、情绪调节等方面的心理矛盾和心理问题，培养个人人际交往的健康心理，提高其对社会生活的适应能力和调控能力，促进个人的全面发展。

心理咨询指导工作，对于个人心理健康成长成才具有多方面的积极作用：

1．有利于提高个人的心理素质

心理咨询也是一种人际交往的过程，通过这种互动交流，有利于个人改变原有的思维模式，调整自我心态，增强心理素质。

2．有利于维护个人的心理健康

心理咨询对提高个人的心理健康水平起着重要作用，是维护个人心理健康的重要途径。

3．有利于培养个人健全的人格

心理咨询的开展可以影响个人人格发展水平和方向，指导个人认识和检查自己人格发展的合理性与局限性，从而能够正确地认识自我、接纳自我。心理咨询是加强和改进个人思想政治教育的需要。在传统的思想政治教育中，心理方面的教育和引导被忽视，更多地强调了政治素质、思想素质、道德素质的培养和训练。随着社会的发展，个人的心理问题越来越多，这种教育模式越来越不能适应形势的要求，客观上要求思想政治教育必须进行改革。

（二）健全人际交往的心理咨询机制

健全心理咨询机制，可以使个人心理咨询走向制度化。我国开展心理咨询工作的时间不长，各项机制还不完善，对于西北地方新建本科院校来说，心理咨询机制则更应该得到我们应有的重视。健全心理咨询机制，应从师资、投入、培训等方面加强完善。

1．落实师资团队

在师资方面要逐渐落实人员的编制，同时制定职称评定和相关待遇的政策，建立一支素质优良、专职兼职结合的心理健康教育师资队伍。

2．保证经费投入

保证经费的投入，以确保心理咨询机构的正常运行，从机构的建立、人员的配备、劳动报酬、师资培训以及机构硬件设施的购置等，都需要有充足的经费做支撑。

3．重视岗位培训

重视心理咨询员的岗位培训，国外非常重视心理咨询员或心理咨询老师的培训和考核，以保证心理咨询工作的科学性和严肃性，从而提高心理咨询工作的质量和权威性，而我们的咨询员多数处于边学边干边提高的状态。因此，我们应强化质量意识，逐步完善咨询员的培训、考核、资格认定等制度，使我们的心理咨询工作逐步走向成熟。

（三）加强人际交往的心理咨询理论与分析方法

加强心理咨询理论与分析方法，适应个人心理多方面的需求。根据对象的身心特点开展心理咨询理论与方法的研究，是学校心理咨询机构工作所强调和重视的工作之一。在国外与港台地区，个别咨询与团体咨询的方法是比较常见的，而忽视团体咨询是我们心理咨询方面的薄弱环节。在当下，面对目前高校扩招个人数量不断增加的情况下，应注重团体咨询。因此，我们在全面了解个人心理状况的基础上，在合理借鉴与吸收西方先进心理咨询方法的同时，更应认真研究、总结我国传统文化中关于心理沟通调节的思想与方法，发掘传统文化中的精华和素养，结合中国文化的背景与当代青年个人的思想特点、思维方式、个性特点、心理状态，创建具有中国特色，彰显中国气派的心理咨询理论与方法，这是当前高校心理健康教育的历史任务。只有加强心理咨询理论与方法研究，我们的心理咨询工作才能自觉地、有针对性地帮助个人解决好成长过程中遇到的心理问题与心理困惑，引导个人乐观、积极、自信、和睦和顺畅地与人交往相处，引导个人健康成长成才。

第二章　大学生人际交往的现状与存在的问题

第一节　大学生人际交往的基本现状

一、大学生交往情况

（一）大学生交往范围的开放性

过去由于计划经济体制的影响和交通、通讯事业的限制，人们都局限在有限的交往范围内。大学生的人际交往主要是在学校和家庭当中，有同学交往、师生交往和家庭交往三种，学校交往一般也是习惯于在宿舍、班级和院系里，人际交往表现出明显的狭隘性。随着改革开放的深入发展，知识经济和信息社会到来，特别是互联网的出现和普及，使整个世界成为一个"地球村"，封闭的人际关系受到猛烈的冲击。同时社会的开放化、高校的社会化也使大学生人际交往开始突破限制，走向前所未有的开放。大学生最频繁的人际交往除了同学交往、社团交往之外，社会交往和网络交往也占很大比重。校外交往已经成为大学生人际交往的增长点，同时网络交往成为大学生人际交往不断开放的重要途径，他们由封闭的纵向人际交往已经向开放式的多渠道横向交往转化，人际交往的空间越来越大。

当代大学生的人际关系已经成为一个开放的系统，让大学生冲出封闭的交往圈，积极主动地接触不同身份、不同层次、不同行业的人，从而形成一种超越家庭关系、地域关系、师生关系、同学关系的多维立体结构模式的人际关系。与此同时，校园内部的同学交往和师生交往有疏远化的趋势。一方面，大学生交往范围日益开放，加上选课制导致"同学不同班"的现象，使得同学之间缺乏深入交流和了解，一些大学生内心对亲密感的需求出现缺失。根据笔者的调查有69.1%

的同学有三个以上特别亲密的朋友，有26.1%的同学有一两个无话不谈的亲密朋友，有4.8%的同学没有亲密朋友。另一方面，随着高校大规模扩招使学生人数日益增加，加上学生获取社会信息渠道的多元化，导致师生交往时间越来越短、机会越来越少，交往渠道和范围相对窄小，加剧了师生交往出现疏远化的倾向。

（二）大学生交往方式的多样性和时代性

随着交往范围的不断开放，当代大学生的交往方式也呈现出多样性和时代性的特征。过去大学生的交往方式比较单一化，主要侧重于面对面的交流和书信联系。而今天随着信息社会的来临、计算机网络的飞速发展、现代通信工具的普遍应用，大学生的交往方式变得越来越多、越来越快捷。网络交往方式占据主导地位。另外现在的大学校园里，很多活动不再是以宿舍、班级或院系的形式组织，而是以社团为单位组织。社团使很多不同年级、不同院系但是却有着相同爱好、相同志愿的同学走到了一起，社团活动也越来越受到大学生的推崇。用布劳的观点解释："在多维空间，个体间的相似性增加了社会交往的可能性，在相同类型的位置上的人的交往频率大于他们与外人交往的频率。"[①]以复旦大学调查结果为例：有50%的学生认为"以寝室为中心"是最有效、最现实的社交方式，而在另一半学生中，"社会工作"和"微信、抖音、快手等网络社交"都占着主导地位，远高于"好朋友为主的小圈子型"传统方式。这一结果反映了当代大学生追求建立方式更加多样化的人际交往，并且呈现出强烈的时代特色。

作为当代大学生人际交往的新兴方式和载体，网络在很大程度上促进了大学生人际交往的发展，为大学生的交流创造了便利的条件。但是大学生作为易感人群，网络这种虚拟人际交往给他们的生活方式、价值观念带来的挑战和改变也是前所未有的。在笔者的调查中不乏存在沉迷于网络游戏或者网上聊天的大学生，虚拟世界的交流毕竟不能代替现实中的人际关系，网络在给大学生交往带来发展的同时也带来一些负面影响。

[①] 候雁伶，马冬，马丽娜. 当代大学生人际交往特点的新视野——以布劳的社会结构理论为切入点[J]. 消费导刊，2008（05）：161.

（三）大学生交往内容的丰富性

以往大学生的人际交往受时代条件限制，主要局限在校园里，交往内容也以学习为主，比如同学之间切磋知识、交流思想。现在随着社会交往内容的扩展、范围的拓宽，大学生的交往内容也从单一、陈旧向多样、新颖发展，表现出越来越丰富的特点。如今大学生的交往内容除了学习活动之外，还有很多社团活动、沙龙聚会、勤工俭学、社会实践、网络交往等丰富多彩的内容。

现在的大学生聚会不再是茶话会，更多的是吃饭、唱歌、看电影、逛街、棋牌室活动，特别是异性之间的交往内容更加丰富。根据笔者的调查大学生异性交往中活动内容最多的是吃饭、唱歌、看电影，其次是一起运动、逛街，一起学习或参加社团活动排在其后。另外，随着现代社会经济活动、生产活动、社会实践活动的增多，大学生对社会的参与意识逐渐增强，积极开展各种社团活动和社会活动，也成为大学生交往的新内容。除此之外，目前对大学生来说最重要的就是网络交往了，主要有网上聊天、网上交友、网上交易、论坛交流、网络游戏五种。

大学生交往内容的丰富性，使大学生们开阔了视野，满足了各方面的需求，增强了参与社会活动的主动性和积极性，培养了互助友爱的团队精神，形成了开放意识、效率意识、全球意识等现代观念。但是，与此同时负面影响也日益凸显：大学生在一些日益复杂的人际交往中，容易养成奢侈、浪费、攀比的心态，其人生观、价值观和世界观的形成受到潜在威胁；过分迷恋网络游戏或者网恋，容易倾向于逃避现实，情感易挫、精神心理易发生畸变，从而使其社会化进程受到阻碍。

（四）大学生交往目的的复杂性

从大学生交往目的来看，有的同学认为交朋友是因为谈得来，有的同学认为是因为情感需求，有的同学因为性格原因喜欢交朋友，只有少部分人认为交朋友是因为用得着。大学生还处于青春期，行为倾向带有更多的情感性。他们之间利益关系纽带不强，彼此无经济上和思想上的依赖性，因此都尽力保持着自己独立的性格，易交易散，有点率性而为。与此同时由于受市场经济和多元化社会思潮的影响，迫于日益激烈的竞争和就业压力，也有一些大学生在形成和发展人际关系时趋于对自己利益最大化的交往对象，可以看出功利主义也是部分大学生人际交往的指导思想。

由西南大学教授、心理学博士生导师黄希庭指导的对当代大学生心理特点的问卷调研中，针对大学生人际交往的目的得出以下结论：大学生与同性朋友的交往目的主要是利己的（自我完善、功利）和互利的（互助、友情）；与异性朋友的交往目的比较复杂，有利己的（自我完善），也有利他的（自我奉献、侠义、仗义疏财），还有互利的（互助）；与老师的交往目的主要是利己的（自我完善、自我防卫）和利他的（侠义），互利的成分较少；与父母的交往目的以互相理解、互相爱护为主，功利的成分少见。由此可见，大学生人际交往的目的具有多样化、复杂化的特征，对于不同的交往对象，也抱有不同的交往目的。

（五）大学生交往观念个性化

在大学生人际交往中，平等性与理想性的观念并存。大学生的交往对象主要是同龄人，他们都处在同一身心发展水平上、知识能力水平相似、社会经验阅历相仿、思想观念相近，不存在较大的利益冲突，因而就比较容易产生平等的心理，追求一种平等条件下的人际交往。有些同学把平等看作人际交往最重要的一方面。同时由于大学生思想较为单纯、心理不够成熟、社会经验不足，常常用理想化的尺度来衡量现实，易于产生理想化的思维定式。他们往往赋予人际交往以完美的色彩、把交往对象想象得过于完美，从而难以面对人际关系的复杂性和多样性，在心理上产生落差，导致大学生人际交往总流于理想性。不少调查资料显示，与同龄人相比大学生对人际关系的满意程度最低，其中一个主要原因就是他们对交往对象的期望过高，一旦发现对方的某些不足就会产生失望、不满的情绪，进而影响自身的人际交往态度。

现代社会到处洋溢着个性的文化，大学生的人际交往也趋于个性化乃至个人化。这种交往都是以交往者张扬个性为出发点的，某些个性可能会成为吸引交往对象的一大亮点，某些却成为正常人际交往的障碍。有些大学生在交往过程中存在不良的个性特征，在交往中更多考虑个人自身的需要，将个人的喜好与要求带进交往中，完全不顾他人的感受，很容易造成交往困难或障碍。

二、大学生交往障碍

高等教育出版社社会学习资源分社针对28所高等院校的747名学生进行的问卷调查得出结论，59%的受调查者表现出不同程度的人际交往障碍，比其他的心理问题相对更普遍。①根据调查和研究，大学生交往障碍主要分为客观障碍和主观障碍两种。

客观障碍是制约大学生人际交往的客观因素，大体有以下几个方面：

（一）语言理解偏差导致的交往障碍

语言是人际交往的主要工具，是传递信息、表达感情的媒介和手段。如果在语言上理解有偏差、语言使用不当或者有特定意义，很容易造成人际交往的障碍。大学校园里有来自五湖四海的大学生，虽然普通话的推广取得一些成效，但是仍有一些同学讲着一口方言或者是带着浓厚乡音的普通话，所以沟通起来有一定困难。尤其是有些同学有自己独特的说话方式和口头语，更让不熟悉的人难以理解。另外现在有些"00后"的"新新人类"喜欢讲一些网络用语，比如"蓝瘦香菇""柠檬精"，这些话不管是在现实交往中还是在网络交往中经常让人摸不着头脑，从而使人际交往陷入尴尬的局面。

（二）趣味差异或关注点不同导致的交往障碍

有的同学因为听不懂、不喜欢或者不了解对方讲的东西而使交往无法进行下去。现在的大学生讲个性、爱好广泛，追求的东西和感兴趣的问题各不相同，有的喜欢运动，有的喜欢游戏等。没有共同语言直接导致"话不投机半句多"，人际交往不容易继续深入。

（三）生活习惯不同导致的交往障碍

由于生活习惯不同导致的交往障碍，主要表现在宿舍交往中。生活在同一个宿舍，有的同学习惯早睡早起，有的喜欢熬夜睡懒觉，还有的习惯午睡，彼此作

---

① 陶涛，孙启莲．人际交往障碍成为在校大学生最常见的心理问题[J]．成才之路，2008（21）：26．

息时间不同容易打扰到对方，甚至是引起矛盾或冲突。另外还有些同学特别爱干净，有些同学邋里邋遢，也容易导致相处不和谐。

（四）待人接物的方式和原则不同导致交往障碍

有的同学认为待人接物的方式和原则非常重要。从小所受的教育不同，大学生待人接物的方式也大不相同。比如有些同学为人热情，有的比较冷漠，有的同学很大方、慷慨，有的则比较节俭甚至小气，这种明显的差异也会影响彼此的人际交往。

（五）审美观、消费层次不同导致的交往障碍

有的同学在审美观、消费层次不同这方面会导致交往障碍。有些大学生喜欢名牌，认为那些从地摊上买衣服的同学没有品位，而有些同学则认为那些一身名牌的同学奢侈、浪费、虚荣心强。笔者在调查中发现，穿衣打扮和消费层次是大学生人际吸引或人际排斥的一个重要因素。

（六）"小团体"导致的交往障碍

有的同学在大学校园里存在的"小团体"也阻碍了大学生交往。在大学里有一些同学由于同乡、同宿舍或者爱好相同、家庭背景相似自发结成了一个"小团体"。他们大多一起活动，对"小团体"之外的同学有排斥之嫌，阻碍了团体内外同学的正常人际交往，甚至导致不同"小团体"之间的矛盾和冲突。

主观障碍也就是心理障碍，主要是指影响大学生正常交往活动的心理因素和心理状态，主要表现为以下几种：

1. 自卑心理

自卑是个体在人际交往中由于某种生理、心理上的缺陷或其他原因过低评价自己而产生的消极心理状态。大学生在交往中存在自卑的心理障碍，表现为在交往中退缩、避让，缺乏勇气、积极性和主动性，甚至拒绝在公众场合露面，从而产生一种压抑的气氛；或者在交往中表现得过分强势，处处争强好胜，其实是为掩饰内心的软弱和自身某些缺陷。大学生产生自卑感的原因很多，比如感觉自身

的生理条件、经济条件、家庭背景等不如别人，或者由于学习、集体活动等各方面的挫折导致自尊心受损。严重的自卑会使人孤立、离群，会抑制自尊心的发展和潜能的发挥，给大学生的学习和生活带来很大的精神负担。长期处于极度的自卑状态会造成畸形心理，使人陷入深深的痛苦中不能自拔。

2．羞怯心理

羞怯是指在人际交往中由于紧张、害羞导致无法正常表达自己，从而阻碍正常交往的消极心理状态。有些同学在交往中有羞怯的心理障碍，表现为脸红、心慌、语无伦次、举止失常等，尤其是在公众场合或者遇到权威人士、心仪的异性时。羞怯心理产生的原因主要有两种：

（1）气质型羞怯。

气质型羞怯是典型抑郁质的人生性内向、胆小怕事、神经比较敏感，害怕与人交往，这是由于气质类型所致；

（2）认识型羞怯。

认识型羞怯是过分关注自我，唯恐自己被否定、被耻笑，从而导致谨小慎微、面红耳赤，通常是由于不正确的认知引起的害羞。

3．嫉妒心理

嫉妒心理是指认为他人拥有比自己优越的外貌、地位、成就，或自认为宝贵的东西、心爱的异性被别人占有而产生的一种气愤、怨恨等复杂的情感。大学生嫉妒心理主要表现在对学习好、人缘好、能力强的同学随意贬低、冷嘲热讽、恶意中伤等，通常在心理上承认他人比自己强，但是外表却不服输，想办法压倒对方。有些同学存在类似的心理障碍。轻微的嫉妒可使人产生压力从而奋起直追，但是长期处于强烈的嫉妒状态则会带来一系列问题：一方面导致人际关系失谐，与被嫉妒的对象决裂，旁观者也疏远，人与人之间互不信任、互相拆台；另一方面嫉妒者内心也承担着巨大的心理痛苦，在以后的交往中也裹足不前，最终害人害己。

4．猜疑心理

猜疑是指在人际交往中由于主观猜测而产生的对别人的交往动机、目的等持怀疑、不信任态度的消极心理。有些同学存在这种问题，他们往往把交往对象的一些无意的话语和举止，给予一些倾向性的解释，无中生有、疑心重重，认为别人都不可信、不可交。猜疑心理一方面束缚了人的交往欲望，把自己封闭起来、不愿与人沟通，失去了人际交往带来的亲密感和安全感，从而变得越来越孤僻。另一方面也容易挫伤别人的感情，别人的一腔热情被当作是阴谋，不仅使交往对象远离自己，而且也容易对别人的交往观念产生影响。

5. 自负心理

自负与自卑相对，指由于高估自己、过分自信而在人际交往中贬低别人、抬高自己所带来的交往障碍。有些同学有这种问题，他们在人际交往中表现出一种优越感，完全以自我为中心，轻视别人、从不接受别人的批评和建议。他们完全不懂人际交往中的相互尊重、以诚相待，只知道满足自己的一己私欲，从不考虑交往对象的感受。因此他们通常是一个不受欢迎的人，很少有朋友，容易被别人孤立起来，最终把自己陷入一种孤独的境地。

6. 社交恐惧

社交恐惧是大学生人际交往中比较严重的问题，有些同学存在这种障碍。社交恐惧是指在人际交往中由于缺乏应付能力而产生的一种企图逃避的情绪体验，一般表现为不敢见生人，与人交往时面红耳赤、局促不安，神经极度紧张，严重者拒绝一切人际交往，完全将自己孤立起来。社交恐惧常常是源于交往过程中的挫折或失败经验。由于交往失败，在心理上产生一种打击和威胁，并伴有种种情绪上的不愉快甚至痛苦的体验，从而不自觉地形成一种紧张、不安、焦急的固定心理状态，以后遇到类似的情境刺激，就会旧病复发产生恐惧感。这种恐惧感已经严重阻碍了正常的人际交往，不仅影响了大学生的正常学习与生活，而且已经对大学生的心理健康产生威胁，必须要积极矫治才能摆脱。

第二节　影响人际关系的主要因素

现实社会中存在的各种各样的人际关系，无一不是内在因素和外在因素交互作用的结果。

一、影响人际关系的内在因素

人际关系的内在因素是指关系主体本身所具有的制约人际关系的因素。主要包括生理因素、心理因素和社会因素。内在因素是人际关系产生、发展的基本动力，在人际交往中起决定性作用，是决定人际交往是否成功的主要原因。

（一）生理因素

影响人际关系的生理因素主要包括个人的生理需要、生理特征和健康状况等。生理需要是人际交往活动最原始、最根本的动机。

以下主要从年龄因素、性别因素、仪表风度等方面介绍生理因素对人际关系的影响。

1．年龄因素对人际关系的影响

本能型交往是人际交往的最原始、最低级的形式，这种形式往往出于人的本能。超越本能型交往后进入规范型交往。所谓规范型交往，就是人们在社会化过程中所遵循的行为规范的交往形式。原则型交往是以人的自由平等为基础的交往形式，是人际交往的最高形式。在原则型交往中，人们不再以某种特殊群体的规范来约束自己的行为，而是以自由、平等的普遍规则作为交往的指南。

2．性别因素对人际关系的影响

在人际交往中，既要看到社会的变化而带来的变化，也要注意男性与女性之间的差别。

3．仪表风度对人际关系的影响

人的仪表包括相貌、穿着、仪态等，它是影响人际关系的重要因素。仪表因素在短期的、表层的人际关系中有相当大的影响，而对长期的、深层的人际关系来讲，其他因素则要比仪表因素重要得多。

（二）心理因素

在日常生活和工作中，心理动力、心理特征、自我意识、心理效应和心理障碍等心理因素对人际交往会产生决定性的影响。

1．心理动力

人际交往的心理动力是心理因素中的最高层次，主要包括需要、动机、兴趣、理想和信念、价值观及世界观等。这些因素都不同程度地对人际关系产生制约作用。

（1）需要

需要是人的主观状态，是心理活动的动力源泉，它是个体在社会生活中，对客观事物的需求在头脑中的反应。一是舒茨的三维人际关系理论，二是魏斯的社会关系律。

① 舒茨的三维人际关系理论

舒茨的三维人际关系理论包容需要、支配需要和情感需要。舒茨认为，人的三种人际需要分别都有两种满足方式：一是主动满足，即通过主动发起和推进符合自己需要的人际交往活动来得到满足；二是被动满足，即期待别人主动表现出相应的人际交往行为。三是需要和两种满足方式构成了不同的人际关系取向。

② 魏斯的社会关系律

魏斯的社会关系律提出了人际关系的六种基本需要。一是依附需要即最亲密的人际关系所提供的安全感和舒适感。二是社会整合需要即与别人分享兴趣和态度的需要。三是价值保证需要即希望得到他人的支持，以提高自信心，证实自身价值和能力的需要。四是可靠同盟需要即人们在遇到困难时希望得到他人帮助的需要。五是需求指导需要即希望别人给自己提供指导，丰富经验的需要。六是关心他人需要即人们通过对他人的关心和照顾满足自己被重视、被需要的感觉。

（2）动机

直接推动人去行动以达到某种目标，满足某种需要的心理驱动力称为动机。动机源于需要。在人际交往中，动机起决定性作用。不同的交往动机就决定了不同的人际关系类型。从交往动机的角度，把人际关系分为两类：一种是以感情为纽带，以心理相容特点为基础的人际关系，如夫妻、父（母）子、父（母）女、兄弟、姐妹之间的亲情关系，同事、同学、朋友之间的友情关系以及恋人之间的爱情关系等；另一种是以利害关系为基础的人际关系，人与人之间的心理关系是基于对利益得失的认知和判断而形成的。利害关系包括经济、政治和社会等方面的关系。

在人际交往中，需要产生动机，动机促成人际交往行为出现和持续进行，以实现需要的满足。其中，需要是交往的导火线和前提。动机由需要引起，又是交往行为的推动力量。在人际交往过程中，如果需要和动机得到满足与实现，个体能从中享受愉悦或得到利益，人际交往就能得以维持，否则就会因出现障碍而终止。

（3）兴趣

兴趣是一个人力求认识和趋向某种客体的积极态度的个性倾向。培养人际交往的兴趣是人际交往的关键要素。

（4）理想和信念

① 理想是对未来有可能实现的奋斗目标的向往和追求。

② 信念是个性心理结构中比较高级的倾向形式，它表现为一个人对他所获得的知识的真实性坚信不疑并力求加以实现的个性倾向。信念可以分为政治信念、道德信念、科学信念和生活信念等。

理想和信念密切相连，理想总是以一定的信念为基础，同时理想又促进信念的形成。

（5）价值观及世界观

① 价值观又称为人生价值观，是指人们对自己的人生意义和作用、衡量人生价值的标准以及怎样实现人生价值等问题的看法。

② 世界观是个性倾向的最高表现形式，是心理动力因素中的最高层次。世界观有两种存在形式：一是作为哲学研究对象的、以社会意识形态而存在的阶级的世界观；二是作为心理学研究对象的个人的世界观。

2．心理特征

人际交往的心理特征包括能力与性格。

（1）能力

能力是指直接影响活动效力、使活动得以顺利完成的个性心理特征。能力是影响人际交往效率的最基本、最直接的心理因素。

（2）性格

性格是指通过比较稳固的、对现实的态度和与之相适应的习惯化了的行为方式所表现出来的心理特征。

3．自我意识

（1）自我意识的含义

自我意识是指如何看待自己和感受自己。它是由人们关于自己的一切信念和态度构成的，包括人们关于自身力量强弱的设想、成长的可能性以及关于自身行为和体验的习惯方式的明确措施等。

（2）自我意识的构成

自我意识是由反映评价、社会比较和自我感觉三部分构成的。

（3）自我意识的特征

一是自我意识的基础是其所处环境的文化和团体的价值观；二是自我意识具有较强的主观性；三是自我意识具有自行增强的能力；四是自我意识具有缓慢的变化性。

（4）优化自我意识的途径

一是具有改变自我意识的需求；二是进行客观的自我评价；三是制定切合实际的自我期望。

（5）改变自我意识的方法

一是直接观察自我和他人对自己评价的基础；二是求助你所在的环境（如师长、同事、亲友或专家）的帮助和支持，取得相关的资料和建议，从而改进自我意识；三是模仿他人改进自我意识的方法；四是正确处理心理安全与心理风险的关系，创造和抓住改进自我意识的机会。

自我意识是自我沟通的基础，是人际沟通的前提条件。因此，良好的人际关系需要正面的自我意识做基础。

4．心理障碍

在影响人际关系的内在因素中，心理障碍产生的影响更大，也更直接。心理障碍主要包括羞怯心理、自卑心理、嫉妒心理、自傲心理、自私心理、猜疑心理、孤僻心理和报复心理等。

（三）社会因素

社会因素中最基本的主要是社会地位、职业类别和知识层次。

1．社会地位

社会地位，从政治学和法律学的角度来讲，是指由法律规定和公众认可的具有一定特权和专利的社会等级。社会地位不仅包括经济地位、政治地位，而且包括家庭地位、群体地位和学术地位等。

社会地位对人际关系的制约主要表现在三个方面：社会地位制约或影响人们的交往对象和人际关系状况；社会地位制约和影响关系主体的交往热情和交往需要；社会地位制约和影响人的交往动机和诸多的交往心理。

2．职业类别

所谓职业类别，是指关系主体所从事工作的类型，也就是做什么工作。职业类别对人际关系的影响表现在三个方面：职业类别影响和制约人际交往对象；职业类别影响和制约人际关系的类型；职业类别影响和制约人际关系的广度、深度或亲密度。

3．知识层次

所谓知识层次，是指关系主体自身所具备的知识结构和水平在知识系统中所处的层级。

二、影响人际关系的外在因素

影响人际关系的外在因素是指关系主体之外制约人际关系的因素，主要包括自然环境因素、空间距离因素、习俗礼仪因素、道德规范因素、价值观念因素、法律法规因素、社会制度因素和社会群体因素。虽然外在因素在人际交往中不起决定作用，但它是人际交往是否成功的条件，在一定条件下，它又左右着人际关系的融洽性。因此，不能忽视影响人际关系的外在因素。

（一）自然环境因素

在原始社会时期，自然环境是促进人际交往的最主要的情境性因素。

（二）空间距离因素

1. 不同的空间距离代表不同的人际关系

美国学者爱德华·霍尔以美国成年人的交往为例，提出了四种空间距离，即亲密距离、个人距离、社交距离和公共距离。这实际上是人们在交际中心理需求的一种空间距离。在社会交往中，人与人之间的空间距离因不同的文化背景、社会关系、性格等而大相径庭。从一般心理学的角度来看，在不同的时间、地点与条件下，人对于空间距离的需求也不相同。

2. 居住距离远近对人际关系的影响

距离的远近并不是形成人际关系的主要因素，它只是影响人际关系的多种因素之一。在其他因素大体相同的情况下，距离的远近才会体现出作用。

（三）习俗礼仪因素

习俗礼仪因素是一种基于文化背景不同而对人际交往产生影响的因素，它主要体现为待人接物的礼节或风俗习惯。

（四）道德规范因素

道德是指由社会舆论力量和个人内在信念系统驱使支持的行为规范的总和。平等待人是建立人际关系的前提，也是人际交往必须遵循的原则。

（五）价值观念因素

所谓价值观，是指一个人对周围的客观事物的意义、重要性的总体评价和总体看法。组织行为学家史布兰格把价值观分为六类：理性价值观、美的价值观、政治性价值观、社会性价值观、经济性价值观、宗教性价值观。

（六）法律法规因素

法律是由国家立法机关制定或认可的，并由国家的强制力量保证其施行的一种行为规范。法律可分为两种类型：一类是通用性法律；另一类是专一性法律，它是专门用来规范某一方面的行为规范。首先，法律对人际关系具有保护性。其次，法律对人际行为具有强制性。

法律对人际关系的影响主要有两点：一是法律本身是否健全，即是否有法可依，反映法律的制定状况；二是法律能否落实，反映法律的实施状况。

（七）社会制度因素

社会制度主要有三个方面的含义：社会形态、具体的社会制度、各种社会组织的规章制度。

（八）社会群体因素

1. 群体的概念及其对人际关系的影响

（1）群体的概念。

所谓群体，是指以一定方式的共同活动为基础结合起来的人们的联合体。

（2）群体的特点。

一是同属一群体的各成员在心理上意识到对方，具有相互认知与同属一群人的感受；二是同属一群体的各成员在行为上相互依赖、交互作用、彼此影响，并且具有互补性；三是同属一群体的各成员在目标上是共同的；四是同属一群体的各成员共同遵守该群体的行为规范和规则。

（3）群体对人际关系的影响。

一是群体内成员最容易具有相似性；二是群体内成员最容易接近；三是群体不仅有利于群体内人际关系的和谐，还有利于内部成员与其他群体成员人际关系的建立。

2. 群体规模、结构、规范和压力对人际关系的影响

（1）群体规模对人际关系的影响。

群体规模越大，人际关系越不容易以群体中的领导者为中心。

（2）群体结构对人际关系的影响。

所谓群体的结构，是指群体成员的组成成分。

（3）群体规范对人际关系的影响。

群体规范是指群体所确立的行为准则，群体的每个成员都必须遵守这些规范。

（4）群体压力对人际关系的影响。

群体压力是指当一个人在群体中与多数成员的意见有分歧时，在心理上感到的一种压力。群体压力容易使群体内成员形成从众心理。

第三节　大学生人际交往中的问题

人是社会性动物。在社会生活中，人们为了满足生存和发展的多种需要，几乎每天都要与他人交往，建立各种联系。大学生作为社会中青年人的特殊群体，虽然面对的环境相对单纯，但作为其社会化过程的起点，在人际关系的建立过程中，往往会遇到种种其从未面对的新问题。人际关系的发展过程不仅包含着正向发展，同样也包括负向发展，而负向发展也就是我们通常所说的人际交往困难，或称人际关系的恶化。人际关系恶化的过程：即漠视、冷淡、疏远、分离四个阶段，它与建立良好人际关系的过程正好相反。

青年大学生一般具有性情多变，易于激动，对问题的认知不全面，甚至会有偏见以及缺乏健康、正确的人际交往理念等特点，这些特点使得青年大学生在面对环境变化时，容易出现交往困难。在现实环境中，大学生的人际交往困难有多种类型，从个体心理的微观层面看，比较突出的困难表现为适应性困难、选择性困难和调节性困难。从参与交往个体的层面看，交往困难表现为个体自身交往困难、个体之间交往困难、群团之间交往困难等类型。本书讨论的主要是从人际交往的微观视角来分析当前大学生人际交往困难的问题。

一、适应性困难

大学生人际交往困难的情况是多种多样的，其中，适应性人际交往困难是表现得比较突出的一种。根据西南大学教授、心理学博士生导师黄希庭的"人际关系自我评价量表"，对山东交通学院320名大学生的人际关系状况进行了调查，调查结果显示，有超过半数的大学生在其人际交往过程中存在着适应性困难（见表2-1）。

表 2-1　山东交通学院大学生的人际关系状况调查结果

分数段	16～27分	28～37分	38～48分
人数（个）	2	174	142
比例（％）	0.6	54.7	44.7
分析	人际关系很不融洽，交往圈子太小，适应困难，改善刻不容缓	人际关系不稳定，交往中有相当数量的人不喜欢你，改善关系需努力	人际关系较融洽，能够适应交际环境，在广泛的社会交往中，你很受喜欢

大学生人际交往适应性困难主要表现为以下几个方面：

（一）初涉社会的不适应

一般而言，同学交往是社会交往的起点，换言之，同学交往是青年大学生走向社会的开始。大学生的生活环境包括家庭、学校和社会三个方面，其中，学校是社会环境的子系统，所以，青年人的成长过程可以粗略地概括为从家庭走向社会。从这个角度来看，大学校园是"准社会"，是大学生从家庭走向社会的桥梁。在学校大学生可以通过各种渠道、各种途径和方式，开始接触或结交学校和社会中的人，可以逐步认识家庭以外的人。由于大学校园宽松的氛围、各种各样的学生组织和社团，以及多彩多姿的校园文化，为大学生创造了较多与人交往的机会和空间。但是对于中学阶段交往范围很小、依赖性较强的大学生，特别是刚入学的新生来说，却一时难以适应。实践表明，适应性困难是大学生融入新生活的最大障碍。

（二）对较为复杂人际关系的不适应

步入大学后，每一位大学生都会遇到与中学不同的、多彩多姿的人际关系，除了师生、同学、班级、网友外，还会出现老乡、社团、学生组织、社会中的朋友等新的人际关系。突然面对比较复杂的人际交往，相当多的学生表现出不适应，不知如何面对。

（三）独立处理人际关系的不适应

大学时期正处于人一生中的青年时期。青年学理论认为，青年时期是一个人从少年期到中年期的过渡阶段。人生处于青年阶段的特点，可以概括为"两长"即长知识、长身体；"四最"即最积极、最有生气、最肯学习、最少保守思想；"两缺"即缺知识、缺经验;"五大高峰"即体力高峰、智力高峰、特征行为高峰、社会需求高峰、超常行为高峰;"五大需求"即学习受教育需求、劳动就业需求、生活和健康需求、休息和文化娱乐需求、恋爱和婚姻需求。从其心理特征来看,青年大学生独立意识增强,往往富有理想和幻想,好模仿,情绪情感丰富而强烈。正是由于青年大学生具有这些与其他年龄阶段不同的突出特征,使得他们走过中学阶段并在高考竞争中获胜,进入全部精力投入学习的状态;使得他们离开家庭,摆脱了长期依赖的家长的悉心呵护,进入新班级、新集体,生活于新环境,进入到宿舍这一相对密切的小环境之中。由于生活空间的扩大、交往范围的拓宽、交往频率的提高、交往自主性的增强,使得不少大学生出现了独立处理人际关系的不适应,从而产生了失意、压抑、焦虑、恐惧等心理,甚至出现神经衰弱症等问题。

二、选择性困难

当代的世界与中国都是一个多元、多样、多变的社会。高校是社会的重要组成部分,所以社会的特点必然在大学校园中反映,也必然在大学生的人际交往中体现。"多元、多样、多变"的状况给大学生人际交往提出的要求就是要选择,因此,选择是大学生人际交往中遇到的又一困难。大学生人际交往的选择性困难主要体现在人际认知价值选择上的困难。

人际认知是指在人与人的交往过程中,通过彼此相互感知、相互识别、相互理解而建立的一种心理联系。就其具体内容来说,人际认知包括自我认知、对他人的认知和对人际关系的认知,由此人际交往选择性困难也主要从这三个方面表现出来。

(一) 自我认知的困难

自我认知主要是指自我概念,是个体在社会化过程中逐步发展起来的,是个体通过自我观察、分析外部活动与情境、社会比较等多种途径获得的对自己生理状况、心理特征、社会属性等方面的比较稳定的认识和看法。具有正确的自我认知是大学生建立良好人际关系的前提,因为对自身认识的客观与否影响着其对人际关系的认识与处理。在现实生活中,人们对自己的认识一般有三种情况:比较客观地评价自我，过高地评价自我和过低地评价自我。大学生在对自我的认知的过程中需要在这三种情况中进行选择。由于大学生受阅历、思维、价值观等方面的制约，一般情况下较难做到客观地认识自己。例如，一些家庭贫困的大学生会感觉自卑，会因家庭贫穷感到自己"低人一等"，于是在人际交往中表现为不自信、躲闪、逃避、不敢表达自己的真实情感，进而与他人的交往形成屏障。教育实践还表明，也有一些大学生因为家庭贫困而产生另一种心理，对自我的认识走向另一极端，即认为自己出身贫困，所以，学校和班级所提供的帮助、资助、评优、评三好等物质和精神奖励应该更多关注自己，自己应该获得教师和同学更多的认可。这种人际认知在一定程度上，与高校的奖励制度和评价标准还不完善有关，但更重要的是学生个体对自我的认知不当，对问题的理解模糊，是一种自私和逆反心理的表现。这种认知如缺乏引导或纠正不当，则可能引发个体对社会、对他人的仇视心理。还有一种情况，就是家庭富裕或成绩优异的大学生，自我认知优越感过强，表现为傲慢、自负、不合群等等，也会造成人际交往的困难。可见，大学生在如何正确地认知自我、客观地评价自我上具有一定的选择性。因此，能否正确地认识自己，是大学生在人际交往中遇到的第一个选择性困难。

（二）对他人认知的困难

能够正确地认识他人是大学生建立良好人际关系的基础。因为只有达到对他人的正确认识，才能在交往中采用恰当的方式与方法。可是，中国有句俗话，"画虎画皮难画骨，知人知面不知心"，因此，在人际关系的建立过程中，如何排除认识对象的表面特征，把握住对象的本质特征，是建立起人们所期望的良好、真诚的人际关系的基础。对于社会经验不足，处于青年阶段的大学生而言，透过现象看本质的确存在着一定的难度。同时，对于交往个体而言，由于不同的大学生本身的个性特征、价值取向、认识能力、处世能力等方面存在较大的差异，所以在认识他人的过程中也会出现能够客观地认识他人和不能够客观地认识他人两种情况。对于相当多的大学生来说，由于自身的局限难以做到客观地认识他人。因此，能否正确地认识他人，是大学生在人际交往中遇到的又一个选择性困难。

（三）对人际关系认知的困难

尽管当代大学生面对的人际关系，相对社会的人际关系要简单、单纯，但是就其本身来说也是多样的，如就类型来说，主要的就有学缘型、志缘型、趣缘型、情缘型、地缘型和网缘型等；就具体关系来说，有同学关系、师生关系、朋友关系、网友关系等，同学关系中还有宿舍关系、班级关系、老乡关系、社团关系等。面对多样的人际关系，究竟建立哪种关系更适合自己，更有助于自身的发展，需要大学生自己作出判断选择。由于大学生刚刚开始独立地面对人际交往，缺乏应有的心理准备，缺乏人际关系的基本知识，因而让他们选择应加强哪种类型的交往对自身发展更有利，存在一定的困难。因此，能否正确地认识人际关系，是大学生在人际交往中遇到的又一个选择性困难。

三、调节性困难

人际关系不是个人自身的关系而是个人与他人之间的关系，因此，调节是处理人际关系的一个重要方面。人际关系的这一重要方面也是大学生在人际交往中遇到的困难较多的方面。其主要体现在：

（一）自我调节困难

要建立良好的人际关系，交往的主体必须具备应有的条件。如健康的身体、良好的个性特征、正确的价值取向、正确的自我认知、较强的人事协调能力等。自我认知是自我调节的基础，只有正确的自我认知才能进行合理的自我调节。在自我认知中，自我比较是常用的方式。自我比较一般有两种方式，一种是自己的现实与自己的过去相互比较，另一种是自己的现实与自己的未来目标相互比较。由于大学生自身还不成熟，所以在比较时往往不限于自己与自己进行纵向比较，而更多的是把自己与他人进行横向比较，因而容易产生自我认知的偏差。例如，有的大学生由于某次个别成功而自信心膨胀，还有的大学生由于某次重要考试失利而自暴自弃等。对自我认知的状况决定着自我调节的状况。在学习生活中，有的大学生在人际关系问题的处理中，能够做到行为和态度适度、得体，会取得较好的交往效果，常常受到老师、同学、朋友的赞许，从而他在人际交往中自信心也得到了不断的确认和增强。而有的大学生在人际交往中则会表现出举止、语言、态度不当，从而引起人们的反感甚至厌恶，他们也常常会受到来自教师、同学和交往对象的批评或冷落，长期下去，就会使这一部分大学生在人际交往中缺乏自信。造成这种结果，一般是由于这些大学生缺乏一定的自我调节能力。这些学生如不进行自我调整，就有可能陷入社交能力在不断的自我否定中持续降低，甚至自暴自弃的恶性循环之中，还有可能引发悲剧。

当代大学生身处多元、多样、多变的社会之中，其思想和行为会受到正确与错误、积极与消极、传统与现代等多种因素的影响，容易造成思想上常常出现矛盾，行为上不断遭遇挫折。大学生就是在协调矛盾，战胜挫折中来提高认识和处理人际关系能力的。由于受到主观或客观条件的制约，不少大学生自我调节能力不足，难以从矛盾与挫折中解脱出来，从而出现心理失衡或偏激的现象，影响人际交往的效果。因此，如何提高自身的调节能力，是大学生在人际交往中面对的困难。

（二）人际调节困难

要建立良好的人际关系，交往主体除了能正确地评价自己，正确地进行自我调节外，还要客观全面地了解他人，深入地把握他人的性格特征、价值取向，从而采取恰当的交往方式，否则，在人际交往中就会出现矛盾，影响和谐。但是，当代大学生尚缺乏这方面的能力。比如，缺乏遇事先考虑他人心理的意识，缺乏主动地分析他人思想的意识，不能全面地看待他人，不知如何与不同特点的人进行交往，不知如何主动解决交往中出现的小摩擦等。目前在高校中出现的"宿舍危机"即宿舍中同学之间关系紧张的情况就是一例。由于同宿舍的同学朝夕相处，共同生活在一起，所以既容易建立较为密切的人际关系，也容易出现人际间的矛盾和冲突。同学间出现一些矛盾本是很正常的事，但由于有些学生不能相互包容、谅解，不具有调节矛盾的能力，致使矛盾更加激化，最后不得不由院系老师、领导出面来解决。更有甚者，学生自己解决不了让家长参与进来，从而使问题扩大化和复杂化。因此，如何提高调节人际关系的能力，也是大学生在人际交往中面对的困难。

　　大学生在校园的学习生活和与社会的初步接触中，所出现的人际交往的适应性困难、选择性困难和调节性困难，有其存在的必然性与一定的合理性。所以，当辅导员面对这些情况时，不可妄加指责，而是要进行具体分析，积极引导。为此，辅导员应主动学习和掌握相关的知识，积极探索可以对大学生进行有效引导的途径与方法，这样方可在各种棘手的状况中，做到自如面对。

第三章　大学生人际关系的类型与特点

第一节　人际关系与大学生人际关系的类型

一、人际关系的主要类型

（一）按内容划分的人际关系类型

按人际关系的内容来划分，可将人际关系分为经济关系、政治关系、道德关系、法律关系、宗教关系等。

1. 经济关系

人际关系学所要研究探讨的是微观经济关系，即个人与个人之间在经济活动中发生或结成的关系。人的经济活动既有发生在生产组织中的关系，也有发生在非生产组织中的关系。经济关系是人际交往中最常见的一种关系。经济关系中又包含多种关系，主要包括生产关系、分配关系、交换关系、消费关系等，其中生产关系是最基本的关系。

（1）生产关系

生产关系是人们在物资资料生产的过程中，在互动中结成的关系。生产关系包括生产资料所有制的形式，人们在生产中的地位和相互关系以及产品分配的形式。

（2）分配关系

分配关系是由生产资料的所有制关系决定的。

（3）交换关系

交换关系是交往双方以各自所拥有的商品或货币与对方进行交换以满足各自需求的关系。包括衣、食、住、行、用等方面的需求。

（4）消费关系

消费关系是人们为了生产和生活需要而在消耗物质财富和精神财富的过程中相互结成的一种关系。消费分为生产消费和生活消费两种。消费关系中包含个人消费、家庭消费和社会消费关系。

2．政治关系

所谓政治关系，是人们在一定经济基础上，围绕着特定利益，借助于社会公共权力来规定和实现特定权利的一种社会关系。政治是指政府、政党、社会团体和个人在参与内政及国家事务、国际关系方面的活动。

（1）对政治的界定

许多政治家、学者以不同的视角对政治给出了不同的界定，主要有以下五种：政治是道德；政治是决策活动；政治是权力；政治是管理活动；政治是阶级社会的产物。

（2）政治关系在不同历史阶段的表现

① 原始社会的政治关系：平等。

② 阶级社会的政治关系：压迫与被压迫。

③ 社会主义社会的政治关系：平等的同志式关系。

3．道德关系

所谓道德关系，是指人们在属于道德规范调整的范围内所发生和结成的关系。道德属于社会意识形态范畴，是一定社会对人们共同生活及其行为提出的并要求人们共同遵守的准则和规范。道德是人们社会行为的基本准则。道德关系是由一定的社会经济关系决定的。人们在社会经济生活交往中结成的道德关系，一般以传统习俗、社会舆论、个体内心信念等手段进行调节。道德建设是提高全民族素质的基础。社会主义社会的基本道德规范的要求："爱国守法、明礼诚信、团结友善、勤俭自强、敬业奉献。"实施纲要对社会公德、职业道德、家庭美德做了重点阐释：

（1）社会公德

社会公德是全体公民在社会交往和公共生活中应当遵循的行为准则，涵盖了人与人、人与社会、人与自然之间的关系。

（2）职业道德

职业道德是所有从业人员在职业活动中应当遵循的行为准则，涵盖了从业人员与服务对象、职工与职工、职业与职业之间的关系。

（3）家庭美德

家庭美德是每个公民在家庭生活中应当遵循的行为准则，涵盖了夫妻、长幼、邻里之间的关系。

每个人都应自觉提高道德素质，遵循社会公德、职业道德、家庭美德的行为准则，与他人建立良好的道德关系，塑造自身良好的道德形象。

4．法律关系

所谓法律关系，是指人们依据法律规范而结成的关系。法律体现一个国家统治阶级的意志。法律关系与道德关系的区别主要表现在五个方面：规定方式不同、产生的时间不同、作用不同、执行机构不同、强制程度不同。

我国《宪法》规定：法律面前人人平等。民事法律指出：所谓平等主体，是指参与民事法律关系而处于平等地位的当事人，即相互之间不是领导与被领导、命令与服从的关系，而是通常所说的"横向关系"。

5．宗教关系

所谓宗教关系，是指人们在参与宗教活动中结成的关系。宗教属于上层建筑的范畴，是社会意识形态的表现形式。世界上的宗教门类繁多，就主要的宗教而言，主要包括基督教、佛教、道教、伊斯兰教等。中国的宗教政策："中华人民共和国公民有宗教信仰自由。国家保护正常的宗教活动。宗教团体和宗教事务不受外国势力的支配。"其原则：政治上团结合作，信仰上互相尊重。

（二）按内在纽带划分的人际关系类型

按人际关系联结的内在纽带来划分，可将人际关系分为血缘关系、地缘关系、业缘关系、趣缘关系等。

1．血缘关系

所谓血缘关系，是指以血缘为纽带而结成的关系。

（1）血缘关系

血缘关系有以下特点：第一，血缘关系是先赋的、与生俱来的，是个人无法选择的。第二，血缘关系在人的一生中是交往频率最高、持续时间最长久的一种关系。第三，血缘关系的基础是血缘和情感。第四，血缘关系对人的成长和发展影响甚大。首先是遗传因素的影响，遗传因素决定了个体的性别和基本特征。如在生理方面，遗传因素决定了个体的身高、体形、肤色、血型等。在心理方面，遗传因素决定了个体的智力、知觉、动作等行为特征。血缘关系的遗传因素是个体社会化的潜在基础和自然前提。其次是家庭环境的影响。家庭是个体社会化的起点。父母是孩子的第一任教师，儿童期孩子对家庭、父母的依赖最强烈，而这一时期是人生社会化的关键时期。父母对子女的教养方式、教养态度、教养行为对子女的成长与发展有极大的影响。

（2）夫妻关系

夫妻关系是指男女两性依照法律规定结合为夫妻，建立家庭的关系。确立夫妻关系的有六项原则：第一，婚姻自由。即结婚自由和离婚自由。第二，一夫一妻制。第三，男女平等。第四，保护妇女、儿童和老人的合法权益。第五，计划生育。第六，夫妻之间互相忠实、互相尊重，家庭成员之间敬老爱幼、互相帮助。

（3）代际关系

代际关系是指上、下辈两代人之间的关系，泛指青年人与老年人、父母与子女之间的关系。代际关系有两种类型：一类属于民主型，一类属于专制型。

2．地缘关系

所谓地缘关系，是依据人们的出生地或共同生活居住地而结成的关系。地缘关系的主要表现形态是邻里和同乡。地缘关系属私人性人际关系，交往双方在职业、个性等方面可能存在很大差异，但就同是社区居民这一点来看是共同的，也是平等的。地缘关系主要靠社会道德和公民道德、社区文化习俗等来调节。地缘关系的特点规定了地缘人际交往的基本原则，即要做到：

（1）克服自傲、偏见或封闭、自卑等心理，坚持主动交往，平等待人。

（2）谦恭自重，严于律己，热情开朗，助人为乐，避免矛盾，深化关系。

（3）若有矛盾更应宽容大度，得理让人，互相谅解，消除前嫌。

3. 业缘关系

业缘关系是以人们的职业生活为纽带而结成的关系。业缘关系涉及在职业活动中人与人之间结成的经济关系、政治关系、思想文化关系等。业缘关系的特点主要表现在三个方面：获取性、直接性、调节的两重性。

业缘关系的调节具有两重性，即强制性调节与非强制性调节。

（1）强制性调节

当关系双方发生矛盾，往往用行政管理制度惩处，用纪律约束，用社会规范、角色规范进行强制性调节。

（2）非强制性调节

即采取非强制性调节手段进行干预、调节。

4. 趣缘关系

趣缘关系是以人们的专业技术特长或兴趣爱好为纽带而结成的人际关系。趣缘关系活动方式多以聚会为主，结交面广。现代社会随着网络的发展，又出现了网络趣缘关系。

二、大学生人际关系的主要类型

大学校园是大学生学习、生活的主要场所，因此，大学生的人际关系也主要集中在校园中所发生的人与人之间的关系。以当代社会为背景，根据大学生发生人际关系的联结纽带，大学生的人际关系可以划分为：学缘型人际关系、志缘型人际关系、趣缘型人际关系、地缘型人际关系、情缘型人际关系和网缘型人际关系等六种基本类型。

（一）学缘型人际关系

由于大学生生活在校园之中，其主要任务是学习，所以大学生的人际关系首要的是学缘型人际关系。所谓学缘型人际关系是指以学业或所学专业为纽带而形成的人际关系。也可以说，学缘型人际关系是大学生以学业为基础构建的"业缘关系"。学缘型人际关系主要包括师生关系、同学关系、宿舍关系等。

师生关系是一种业缘关系，即以共同的事业而形成的人际关系。也就是说，师生关系是教师以教育为职业，学生以学习为职业而形成的人际关系。师生关系中的教师包括专业教师、学生辅导员和学校的各级管理人员。

师生关系是大学生学缘型人际关系的重要内容。大学中的师生关系与中学的师生关系有较大差别。中学阶段由于学生年龄偏小，老师课时较多，负责学生的数量较少，多数任课老师兼做班主任，所以师生直接接触的时间较长，除了在家的时间外，其余时间均在学校。另外，老师均以长者的身份对学生的衣食住行、喜怒哀乐、学习状况等实行全方位管理，因而师生关系非常密切。

大学阶段，由于学生年龄进入成年，独立性增强；任课教师一般不兼任学生的日常管理工作，而负责学生日常管理工作的专职辅导员大多不兼任专业课程；专任教师的课时较少，专职辅导员负责的学生数量较多，所以大学老师与学生直接接触的时间较少，老师一般只负责学生的某些方面，或专业学习指导，或思想工作和日常管理等，因此师生之间的关系相对松散。但是，大学老师一般具有知识较为丰富，对专业研究较为深入，社会阅历广，视野宽，对社会与人生理解比较深刻等特点，因而老师对学生不仅能够在学业上给予指导，而且能够在正确认识人生、正确认识社会问题上给学生以启迪。正如梅贻琦先生所形容的大学教师与学生之间的关系："学校犹水也，师生犹鱼也。其行动犹游泳也，大鱼前导，小鱼尾随，是从游也。从游既久，其濡染观摩之效，自不求而至，不为而成。"[①]因此，大学的师生关系虽形式上较松散，但内涵上较深刻。良好的师生关系，对于大学生知识的积累和身心的发展具有重要的作用。

同学关系是指以共同的理想为基础，以共同的学业维系的一种人际关系。同学关系是大学生学缘型人际关系的基础内容，是大学生人际交往中最普遍、最广泛的关系。在同学关系中同班同学关系是大学生最为主要的关系，因为同班同学能够朝夕相处，学业上相互帮助、认识上了解深刻、情感上相互依赖，这种"同

---

① 刘述礼. 梅贻琦教育论著选[M]. 北京：人民教育出版社，1993：120.

窗"关系大多都能保持终生。此外，同学关系还包括同专业、同学校以及校外同学之间的关系。

随着社会主义市场经济的深入发展，大学生竞争意识、开放意识的增强，大学生的同学关系又可以分为合作型与竞争型两种。合作型的关系是指同学之间形成的在学业上相互切磋，取长补短，共同提高的人际关系。竞争型的关系是指同学之间你追我赶，相互比拼的人际关系。两种类型的同学关系各有长短。合作型的同学关系有助于形成友好、和谐的氛围，但容易缺少活力，出现"哥们义气"。竞争型的同学关系能够产生压力，激发学习动力，形成充满活力的氛围，但容易引发嫉妒、猜忌等负面心理乃至不正当的行为。

宿舍关系是指因住同一宿舍而形成的人际关系。宿舍关系是当代大学生学缘型人际关系不可忽视的内容。之所以如此，一是因为宿舍是大学生进入大学后在学校的"家"，是他们日常活动的最基本的单位。同宿舍的同学不仅朝夕相处、接触时间长，而且地理距离最近，是零距离接近，无论是学习还是起居生活均在一起。因此，宿舍内的人际关系，对大学生的生活习惯、精神风貌、学习态度都有着极为重要影响作用。二是因为高校实行学年制时，班级集中活动时间较多，班级对学生的影响大于宿舍，所以宿舍关系的重要性不凸显。现今高校实行学分制，班级集体活动的时间较少，宿舍活动的时间增加。因此宿舍关系对学生的影响超过了班级关系，宿舍关系的重要性凸显。

良好的宿舍关系能对大学生产生积极的影响，那么，紧张的宿舍关系则会对大学生产生消极的影响。

【案例1】

大一新生程明刚刚结束了第一个学期的生活。可他却有自己的烦心事：自从同宿舍的两个同学因琐事争吵后，只有4个人的宿舍生活变得尴尬和别扭起来，一直到现在，两位吵架的同学还丝毫没有缓解的样子，这让他和另一位同学夹在中间，左右为难。程明甚至担心，自己的大学四年生活都会在室友的这种关系中度过。在大学校园中，像程明这样面临"宿舍危机"的并不是个别现象。正反两方面的情况都证明了宿舍关系对大学生的重要影响。

（二）志缘型人际关系

志缘型人际关系是指为实现某一抱负、理想而建立起来的人际关系。志缘型人际关系是大学生在校园生活中，通过相互了解，建立了共同志向的基础上结成的人际关系。志缘型人际关系的特点是，交往者之间在政治上志同道合，有着共同的奋斗目标和强烈的认同感。因此，交往者乐于交往，在交往中能够密切配合、鼎力支持。

（三）趣缘型人际关系

趣缘型人际关系是指因情趣相近、爱好相同而结成的人际关系。趣缘型人际关系在大学生中较为普遍，因为大学生正处于"早晨八九点钟的太阳"时期，精力旺盛，兴趣广泛，出于对专业的共同兴趣、对艺术和体育的共同爱好等，他们中的一些人交往密切，形成了正式的与非正式的群体。在校园中，科技创新、诗社、剧团、球类等丰富多样的社团，就是大学生趣缘型人际关系的体现。大学生在社团中交流思想、相互切磋；展示才华、增长才干；拓宽视野、发展兴趣。由趣缘型人际关系为基础而形成的群体，是大学校园中最为活跃的群体，是大学校园文化的重要载体。大学生的趣缘型人际关系一般具有成员兴趣浓，情感投入大，产生速度比较快且较为普遍等特点。

（四）地缘型人际关系

地缘型人际关系是指因地域相同或接近而结成的人际关系。大学生的地缘型人际关系就是同乡关系。同乡关系是指由于原来居住在共同的区域，以地域观念为基础而形成的人际关系。一所学校、一个学院、一个班级甚至一个宿舍总会有几个来自同一省、地区、市县的同学。由于这些同学生长在相同的地方，有着共同的语言习惯和生活习惯，因而在人生地疏的环境中，他们的心理距离小，容易形成密切的人际关系。

同乡关系在刚入学的新生中尤为突出。如每当新学年伊始，大学的"同乡会"就十分活跃，老生们兴高采烈地查找新生同乡，新生们更是兴奋异常，同乡的出现使得他们在陌生的异地感到乡情的温暖。但是，随着时间的推移，随着大学生社交面越发扩大，纯粹老乡关系会逐渐减少。大学生的地缘型人际关系具有自发性强、较为松散等特点。

（五）情缘型人际关系

情缘型人际关系是指交往主体为满足情感需要所结成的朋友之间的关系。大学生的情缘型人际关系突出地表现为朋友之间，特别是恋人之间的关系。处于青年期的大学生，由于生理上的成熟和性意识的觉醒，产生了对爱情的向往与关注。同时，由于大学生的年龄相仿，学习、生活朝夕相处，交往密切，加之校园交往环境较为宽松，所以有些以"业缘""地缘""趣缘"开始的交往，就有可能发展为"情缘"交往，特别是发展为异性间的恋人交往。目前，高校校园恋人的身影随处可见。

（六）网缘型人际关系

网缘型人际关系是指交往主体以网络为纽带，在虚拟的网络世界中发生互动并形成的人际关系。大学生网络型人际关系是指在虚拟的网络社会中，学生通过BBS、微信、微博、抖音、快手等聊天方式而彼此建立的人际关系。随着信息技术的高速发展，互联网已经从以往的高科技信息平台转变为人类进行社会交往的重要工具，成为现实中人们生存的"第二空间"。我国网民规模保持着快速增长的势头，领跑全球互联网。大学生是上网一族中的主力军。他们通过互联网以电子邮件和讨论列表、电子公告栏系统、微信、QQ以及多用户网络游戏等与"网友"进行交往。网络交往方式吸引着越来越多的大学生，他们可以在虚拟的网络空间中大胆直抒胸臆，释放个人的情感；可以通过网际的沟通，扩大交往人群的范围，寻求与自己理想、志趣、观念相投之人。

但是，网络交往给大学生的心理健康和现实人际关系也带来了消极的影响。如一些大学生沉溺于网络交往而影响了学业，有的大学生对网络产生了依赖行为，用网络交往来代替现实交往，从而疏远了现实中的人际关系。大学生的网缘型人际关系具有虚拟性、关系建立容易、沟通轻松、较脆弱等特点。

第二节　大学生人际交往的主要特点

改革开放以来，我国经济体制、政治体制、文化体制的变革引起了社会主体之间的利益格局的重大调整和重新分配，引起了人们思想观念的剧烈变化。全球化浪潮的冲击，互联网的普及，多元文化的影响，也使人们的思想观念向着现代化、多元化发展。正如马克思恩格斯在《共产党宣言》中指出的："人们的观念、观点和概念，一句话，人们的意识随着人们的生活条件、人们的社会关系、人们的社会存在的改变而改变。"①

大学生是对社会变化反应最为敏感的群体。社会思想观念的变化，必然带来大学生思想观念的变化，使其思想观念更加适应市场经济的要求，更加适应全球化的要求。这种变化也突出地体现在人际交往上，使大学生的人际关系呈现出明显的特点。

所谓特点就是指一事物区别于其他事物而具有的特征和特性。人际交往的特点既是人际交往本质的体现，同时也是人际交往与其他交往类型（政治交往、经济交往、文化交往等）比较的结果。了解人际交往的特点，才能进一步加深对人际交往本质的认识。

一、社会性

所谓社会性，是指人际交往的本质是社会的，是人们之间通过一定的社会关系所表现出来的属性。人，就其本质来说，在其现实性上，是一切社会关系的总和。人际关系是人际交往的静态表现，人际交往是人际关系形成的基础和进一步深入的动态体现。人际交往总是在个体与个体、个体与群体以及个体与社会之间展开的，无法脱离社会独立存在，一定的人际交往总是在特定的社会背景和特定的场合下进行的，那种脱离社会的、离群索居的人，其生存和发展会受到很大影响，甚至无法生存。正如马克思所说："对于每个人，出发点总是他们自己，当

---

① 马克思恩格斯选集（第1卷）[C]. 北京：人民出版社，1995：291.

然是在一定的历史条件和关系中的个人，而不是思想家们所理解的'纯粹的'个人。"①这就告诉我们，人际交往总是在社会共同体中进行的，无法离开社会孤立进行。

人际交往的社会性，同样也随着社会的发展而不断发生变化。如果按照社会经济发展的形态来划分，人类社会的发展就表现为自然经济形态和商品经济形态，市场经济当然是商品经济的繁荣阶段。在以男耕女织为典型特征的自然经济时代，生产以家庭为单位，生产规模狭小，社会分工低下，人们对自然的依赖性较强，对社会的依赖程度相对较小，是一种自给自足的生产。而到了今天繁荣的市场经济时代，社会分工不仅越来越细，而且分工的国际化程度也不断提高，人与人之间的交往与联系比历史上任何时候都更加紧密、更加频繁、更加重要和更加迫切。世界也日益成为"地球村"，人也正在成为"国际人"。这一切变化都无不体现出人际交往的社会性越来越强。

二、情感性

情感性是人际交往中比较突出的一个特点。情感性在人际交往中之所以重要，是由情感的特点所决定的。所谓情感，是指人们对于某种事物是否符合人的需要和欲望而产生的一种复杂而又持续稳定的内在心理体验，是人脑对客观事物是否符合人的需要之间关系的反映。情感的基本特征是它的两极性、积极性和消极性。在社会心理中，情感被归结为两大类：

（一）结合性情感

使人接近和结合的各种情感都属于这一类。在这类情感基础上所形成的人际关系不同程度地都带有相互吸引的特征和性质，如热情、友谊、喜欢、亲密、恋爱、爱情等。

（二）分离的情感

在这一类情感基础上所形成的人际关系则不同程度地带有相互排斥的特征和

---

① 马克思恩格斯全集（第3卷）[C]．北京：人民出版社，1995：86．

性质，如冷淡、嫌弃、厌恶、憎恨、敌对等。人际交往过程中多种情感的体现，从一定的意义上说，是人们情感的多种表现形式和状态的反映。从心理学上来看，人际交往过程中的认知、情感和行为这三个组成部分中，情感成分是主要的，它的作用也更为突出。在人们日常的人际交往过程中，情感成分对任何类型的人际交往和由此形成的人际关系都有一定的调节作用。而在非正式群体中，情感因素更是促进人际交往与维系人际关系的主要成分。

三、互动性

所谓互动是指人们在人际交往中的互相影响和互相作用。人际交往是双方或多方在思想、情感及行为上的交流互动和相互作用。一种人际交往的行为产生，一方面是给交往的对方施加影响；另一方面也在考虑对方给自己的影响。人们在交往的过程中，总是力图通过交往，达到影响对方的目的，使双方的态度和行为趋于一致以保持良好的人际关系。因此，人际交往是双方相互积极地施加影响并达到相互促进的过程。在日常人际交往过程中，人与人之间的喜欢与厌恶、接近与疏远都是相互的。在一般情况下，对于喜欢、接纳我们的人，我们才会接纳对方，愿意与他们交往并建立良好的人际关系。而对于疏远我们、排斥我们的人，我们也会有同样的反应，对他们疏远、排斥并避免与其有更深层的交往。人际交往的互动性，从性质上看有积极和消极两种。积极的人际交往对个人的成长、社会的进步有促进作用，消极的人际交往对个人则有不良作用，对社会环境的净化也是不利的。

需要说明的是，人际交往的互动性是通过彼此约定或在既定的符号系统中进行的。在人际交往过程中，交往双方互相影响和促进可以通过有声语言符号发生作用，也可以通过体态语言或其他非语言符号发生作用。关于符号，有许多定义，一般来说，符号是用来指称一定对象的标志或记号，人际交往所使用的符号必须是交往双方共同掌握的一套符号体系，这是非常重要的，交往双方只有在使用的符号一致的情况下，也就是说，交往双方都了解所运用的符号及其所代表的意义时，他们的交往才能实现，也才能达到互相影响、互相促进的目的。

四、复杂性

人际交往复杂性的实质其实是差异性在人际交往过程中的具体化。差异是指事物及其事物运动过程的不同或差别。差异具有普遍性、客观性、多样性和相对性等特征，正是事物及其运动过程的差异才导致了社会的复杂性、人际交往的复杂性。人际交往是一个动态发展过程的体现，而不是一个静态的表现。

（一）人际交往对象具有复杂性

世界上没有两片相同的树叶，人与人之间的差异就更大了，表现在个性、爱好、特长、心理等方面。伴随个体的成长和发展，随着环境的变迁，人们交往的对象也不是固定不变的，"结识新朋友，不忘老朋友"这句歌词就是对这一特点的最恰当说明。

（二）交往对象思想行为的易变性和复杂性

人们的情绪、情感、态度、需要以及行为是随着人际交往的发展变化而不断发展变化的，人际交往的发展变化也同样受人们情绪、情感、态度、需要以及行为变化的影响。同样，人们之间存在世界观、人生观、价值观、文化心理等诸多方面的差异，如果受其外部影响，还会发生一定的变化。这就给交往带来了一定的难度。曾经是要好的好友，往往会因立场、观点的不一致，在某种环境或情境之下反目成仇。

（三）交往方式和手段的多样性决定了人际交往的复杂性

在当今信息网络时代，便捷快速的交往方式在给人们生活带来方便的同时，也不可避免地会产生一些负面影响，报刊网络等媒体上报道的各种欺诈、欺骗就是很好的证明。正是由于这样一些原因，今天人们才对一些社会不良行为往往采取的是"事不关己，一走了之"的态度。人际交往的复杂性同样也是今天人们漠视社会公德的一个原因。

第四章 大学生人际交往的特征与技巧

第一节 大学生人际交往的意义和特点

一、大学生人际交往的意义

每个生活在社会中的人都要和他人发生各种各样的相互关系，这种关系不仅对人们的心理状态有很大影响，而且对群体凝聚力也有重大作用。

（一）人际关系影响大学生的群体凝聚力和学习效率

人际关系是群体凝聚力的基础，而凝聚力是提高学生学习效率的前提条件。友爱、和谐的人际关系会使人感到温暖、安全、愉快，从而激发积极性和创造性。冷漠、排斥、敌意的人际关系使人产生压抑、焦虑、烦恼的情绪，从而阻碍人的潜能的发挥。据统计，不良的情绪使脑力工作者的学习效率降低70％。

（二）人际关系影响个体的个性发展

个体在自我发展和自我完善的过程中，不仅受自然环境的影响，而且还受人际环境的影响。融洽的人际关系对个体具有以下益处：给个体以稳定感和归属感，使个体提高宽容和理解的能力；给个体以学习社交技巧的机会，使个体获得社交的经验；给个体以培养社会洞察力的机会，保持对集体的忠诚心。

（三）人际关系影响大学生的身心健康

长期处于恶劣的人际环境中会导致各种身心疾病，如神经衰弱、高血压、偏头痛和溃疡病等。

二、大学生人际交往的特点

大学生由于年龄、性格、气质、阅历等不同，人际交往的类型也多种多样，大致分为以下三类：一是积极型，这类大学生大都性格开朗，行动积极，对交往表现出极大的兴趣和热情，热心参与集体活动。二是被动型，这类学生在观念上比较开放，主张积极交往，但在行为上不主动，怕耽误课程学习，多是被动卷入交往。三是沉静型，这类学生多数性格内向、孤僻、少言寡语、不善交往，只保持和少数人交往和接触。

大学生的人际交往不管属于哪一种类型，在当今市场经济的条件下，大学生的交往观念都具有如下几个特点：

（一）交往活动的平等性

人际交往是大学生活的基本内容之一。大学生远离了父母及昔日的师长、同学好友，来到大学这个完全陌生的生活环境中。面对新的环境、新的群体，他们既怀念昔日的亲情、友情，又渴望新的友谊，希望通过交往重建各种人际关系。这种特殊的生活环境增加了大学生对人际交往的需求和渴望，在当代大学生的交往中，基础是平等相待。所以大学生交往活动的首要特点是平等性。所谓交往活动的平等性是指大学生在交往中追求人格的平等。

大学生交往之所以追求平等，主要有两方面的原因：

1. 具有基本相同的年龄和文化层次

在校的大学生基本上处于相同的年龄阶段。生理和心理的成熟程度基本相似，这就容易产生大家经历、阅历相仿，无人高出一筹的心理。另外，尽管大学生来自祖国的四面八方，其风俗习惯和文化背景不尽相同，但是他们的文化程度、知识层次基本相同，没有悬殊差距，所以也容易产生相互平等的心理。

2. 具有较强的独立意识和主体意识

大学生基本上都已进入成人阶段，他们有着强烈的"成人感"，希望多方面体现自己的独立人格，渴望被他人理解、认同。他们认为人与人之间在人格上是平等的，他们主张张扬独立自主精神和主体意识，崇尚自由、民主的思想。他们坚持用自己的眼光观察世界、认识社会，用自己所掌握的知识去分析问题、解决问题。这种强烈的独立、自主意识体现在人际交往中，表现为自己对他人平等相待，他人对自己要一视同仁。同学之间、师生之间坦诚相见，任何一方都不希望把自己的意志强加给对方。他们不能容忍任何形式的压制和服从。如果教师不尊重学生的独立人格，与学生不能平等相待，学生也不能接受。

由于大学生的交往追求的是人格平等的交往，所以在交往中，他们能够比较轻松自如地、坦率地传递信息、交流思想、沟通感情。但是这种平等要求有时也会带来一些负面影响。比如有些大学生将平等当作以自我为中心，表现为在交往中只顾及自己的需要和利益，只强调自己的感受，而不考虑别人的情绪和感受。自己高兴时，就高谈阔论、眉飞色舞；不高兴时，就郁郁寡欢、乱发脾气，根本不考虑他人，漠视他人的处境和利益。在交往遇到矛盾时，则抱着"大家都是平等的""好则聚，不好则散"的态度互不相让，从而影响了交往的进一步加深。

常言道："爱人者，人恒爱之；敬人者，人恒敬之。"要实现平等的交往，大学生必须克服自我中心主义，改变傲慢无礼、不尊敬他人、操纵欲、支配欲、嫉妒心、报复心强等不受大家欢迎的态度和行为。努力培养自己谦和、真诚、善解人意、通情达理、热情乐观、关心他人等为大家欢迎的个性。

（二）交往范围的狭窄性

交往范围的狭窄性是指大学生交往对象的范围较为狭小。目前的大学生基本上都是从校门到校门，从小学到高中都是在家长和教师的高期望值下，在紧张的学习竞争中度过的，他们的人际交往范围基本上是家长、老师和同学。没有机会更多地接触他人、接触社会。进入大学后，大学生的交往范围有所扩大。但是，由于大学生的主要任务是学习，生活的环境主要是学校，所以他们交往对象的范围基本上是朝夕相处的同学、对其进行培养的老师以及仍负有养育任务的家长。因此，大学生与中小学生在交往对象上只有数量与层次的区别，没有种类的差别。

大学生交往对象的狭窄性与大学生的社会接触面较小、社会经验较少等特点有关。这一特点决定了大学生在人际交往中比较真诚、自然，很少做作、虚伪以及世故。当然，交往范围的狭窄性也有一定的局限性，即它会限制学生的眼界，不能真实了解、认识社会关系的复杂性，从而使学生在离开学校置身于复杂社会的一段时期内，不知所措，难以适应。

（三）交往过程的情感性

交往过程的情感性是指大学生的交往过程基本上是情感交流的过程。情感性是人际关系的重要特点之一，人际交往的过程就是情感交流的过程。此特点在大学生人际交往中更为突出。其主要原因有三个方面。一方面，由于当代大学生的年龄基本处于18～22岁之间，他们的生理刚刚成熟而心理尚不成熟，抽象思维能力还较弱，这就决定了他们在与人交往时情感性较强，而理智性较弱。其主要表现是，大学生往往凭一时的情绪来认识和处理问题，而不考虑是否合理、全面，更不顾及后果、未来。"跟着感觉走""凭着心情干"就是典型表现。另一方面，大学生的主要任务是学习，并且大学生经济都未独立，还需依赖家庭供给。所以，他们之间在利益上的冲突不突出，在经济上的依赖性不强。他们之间的人际交往主要是学习上的互相帮助，思想上的互相砥砺，文体娱乐活动上的互相合作，他们的交往表现出较强的情感性。

大学生认同的人际交往基本是有共同的情趣、共同的语言、共同关心的话题，以能够互相接纳、心理相融为基础的，少有利益追逐、权力争夺等功利性较强的东西。正如人们所言，同窗之谊犹如一泓清泉，清澈见底；好似一块白玉，纯洁无瑕。正因如此，同学之间的友谊，不仅对大学生的大学生活产生影响，而且对其整个人生产生影响。

大学生的人际交往，情感性突出具有客观性与合理性。但是过于情感化也会给交往带来障碍，如有的大学生因情感变化太快，朝亲夕仇的事时有发生，导致很难交上知心朋友。又如，有的大学生对人际关系的追求带有较强的理想化色彩，希望交往不带任何杂质，自己对他人坦诚相见，也要求他人对自己坦诚相见，一旦发现对方没有完全做到则深感失望，甚至与对方断绝来往。

（四）交往内容的丰富性

交往内容的丰富性是指大学生之间交往的内容随着时代与社会的发展愈益广

泛、多样。大学生思想活跃、兴趣广泛、求知欲强、好奇心强，除了专业学习之外，他们希望通过参加活动，多与人交往，以丰富自己的阅历，拓展自己的能力，提高自己的素质。针对大学生的特点，各高校主动开辟多种渠道，为学生提供更多、更有益的交往天地，以丰富大学生的交往内容。

当代大学生交往的内容已经突破了只限专业学习的局限，而扩展到政治、经济、文学、艺术、体育等领域，涉猎学术讨论、艺术创作、才能施展、技能培训、社会服务、自强自立等层面，覆盖了学习、娱乐、思想交流、感情沟通等方面，交往的内容越来越广泛、多样。

大学生交往内容愈益丰富，有助于其自身素质的提高，有助于其全面发展。但是交往内容的丰富性也会使一些目标不明确、自控力较弱的学生眼花缭乱，把握不住重点，从而使浮躁的心理加重，影响其主要任务的完成。

（五）交往媒介的现代性

交往媒介的现代性是指大学生交往载体的高科技化。人际交往的过程就是信息双向交流的过程。信息的交流需要通过载体传递。交往媒介就是在这个过程中传递信息的载体或媒介物。在人类历史的发展中，每一次科技革命都会给人类带来新的交往媒介。在当代，由于高科技的发展，网络技术的广泛应用，人们的交往媒介已由以往以语言、电话为主发展为以手机、网络为主。在大学校园中，手机、电脑等现代交往媒介已经普及，大学生通过网络、短信等媒介传递交往信息的越来越多，尤其是手机已经成为大学生联络、交往的宠儿。

在网络时代下，大学生进行人际交往主要靠打电话、聊微信、观看抖音和快手等。交往媒介的现代性具有方便、快捷的优点，实现了大学生交往的即时化，拓展了大学生交往的渠道，扩大了大学生交往的范围，增强了大学生交往的自由度。但是，交往媒介的现代化不利于大学生之间的情感交流，也较难深入讨论一些问题，从而不少大学生感到同学间感情淡漠，产生"莫名空虚"和郁闷的感觉。

（六）交往方式的开放性

交往方式的开放性是对情缘型人际关系而言的，指的是大学生恋爱方式的开放性。对于大学生能否谈恋爱的问题，高校的态度经历了一个过程，即从严格禁止，违者退学到"不反对"的过程。2005年3月，教育部颁布的《普通高等学校学生管理规定》和《高等学校学生行为准则》中都取消了对在校生结婚的限制。与此相应，在大学生中，对在校大学生谈恋爱的看法也经历了一个转变过程，由20世纪70年代末80年代初认为谈恋爱影响学习，发展到现在认为不谈恋爱说明缺少魅力。认识上的转变带来了态度的转变，即由以前的谈恋爱为耻到现在的谈恋爱为荣，对异性交往态度的转变带来了交往方式的转变，即由以前的"隐蔽"方式到现在的"开放"方式。

恋爱是大学生生理和心理的需要，也是法律赋予大学生的权利。但是这种交往方式的开放性，既助长了大学生只顾自己需要满足而不顾他人感受的自我中心主义，又有碍于文明校园的建设。

第二节　大学生人际交往的技巧分析

一、克服人际认知的偏差

通俗地讲，人际认知就是对人的认识。人们在交往中彼此的感知、理解、判断往往直接影响对被认知对象的印象和好恶感觉，从而进一步影响人际关系。大学生的人际认知是彼此之间人际关系建立的起点。正确的、全面的、科学的人际认知有利于协调发展良好的人际关系；错误的、片面的、歪曲的人际认知阻碍人际关系的建立和协调。在人际认知中要特别注意以下四种现象：

（一）首因效应

所谓首因效应，就是在人际认知的活动中，最初获得的关于认知对象的信息，在评价对象时起着重要的作用。第一印象的好坏往往左右着对人的印象和评价。产生首因效应的原因是人们在接受外界事物的刺激时，第一次刺激的效应相对于以后的刺激来说要强一些。而且，第一印象常会形成一种分析问题、解决问题时的心理倾向性，即所谓的思维定式现象。它对解决同类问题是有利的，对解决不同类问题则起消极作用。懂得了这个道理，就会注意当他人的表现与"第一印象"相矛盾时，不轻易采取否定的态度，而是把两种矛盾的现象放在一起去分析，做出正确的判断。

（二）近因效应

在人际认知活动中，最近的印象对人的特性的评价起重要作用。根据观察和研究，近因效应在大学生的人际交往中是普遍存在的。如有的大学生平时一贯表现得很好，可最近却做了一件错事或犯了一点错误，就容易给别的同学留下很深的负面印象；有的同学平时表现一般，但一到评优或选班干部时就着意表现自己，做表面文章以迎合一部分同学的好感；有的大学生之间长期交往密切，关系融洽，但却往往因为最近发生的一件小事，就反目成仇，完全不考虑平时的愉快交往等。这些都是由于近因效应所带来的影响。为了防止这种偏差，需要将"近因"与"远因"综合分析，用动态的、历史的、发展的眼光看待他人，看待人际交往。

首因效应和近因效应不是根本对立的，而是一个问题的两个方面。一般来说，在对陌生人的认知中，首因效应比较明显，而对熟悉的或久别重逢的人的认知中，近因效应则更为明显。因此，在人际认知的过程中，既要注意第一印象，又要注意一贯表现，更要用发展的眼光看人，这样才能比较全面地认识、评价人，为协调同学、师长之间的关系提供一个科学的认知基础。

（三）晕轮效应

一个人如果被标明是好的，他就被一种积极肯定的光环笼罩，并被赋予更多的好品质；相反地，如果一个人被标明是坏的，他就被评定更多的坏品质。这就是人际认知中的晕轮效应或光环效应。在日常生活中，常见的晕轮效应有两种：以俊遮丑；以丑遮俊；不管哪种情况，都是把他人某个方面的表现扩大化了，容易模糊对其他方面表现的认知。要预防和纠正晕轮效应，关键就要对自己的心理素质、特点有透彻的了解，进而有意识地防止容易产生晕轮效应的各种可能的出现。

中国有句俗语"情人眼里出西施"，就是一种光环效应。一名美国心理学家凯利用实验验证了晕轮效应。他把55名学生分为两组，分组向学生介绍一位新聘任的教师，26岁，已婚，是社会学专业研究生，曾担任心理学教师3年。也就是说这是一个既好学又有教学经验的人。这些基本情况对两组介绍都一样。另一些情况介绍则不同了。一组介绍说教师为人热情，另一组介绍则是此人冷漠。介绍之后，教师分别组织两个组进行20分钟同样的教学活动，然后，实验者让学生谈谈对新聘教师的印象。实验结果：一组对热情教师评价好，赋予了更多的优点，认为她是富有同情心的、会体贴人的、有社会能力的、幽默感的教师；另一组学生对冷漠教师的印象不好，认为她严厉的、无幽默感的、无同情心的教师。也就是两组学生根据已获得的信息，由热情而推断出了一系列的优点，由冷漠而推出与之有关的缺点。而且实验中还发现，一个组积极发言的达56%，另一个组积极发言的仅有32%。这一情况又表明两组学生对教师不仅有一定的看法，而且在行为上也有一定的倾向：印象好，发言也多；印象不好，发言也少。

晕轮效应对于人际认知和人际交往有一定的启示。在人际关系中，一旦形成了某一点好的印象后，就要善于运用晕轮效应，弥补自己其他方面的不足。在看待他人、评价他人时，要尽量客观、全面。

（四）刻板印象

刻板印象是指社会上对于某一类事物或人物产生的一种比较固定的、类化的看法。比如一般认为山东人为人豪爽正直、吃苦耐劳，江浙人聪明伶俐、随机应变；教师文质彬彬，商人唯利是图；老年人眼中的青年人不老练、不牢靠。诸如此类的看法都是类化的看法，已在人脑中形成刻板、固定的印象。在实际与人交往时，如果我们不分时间、地点、条件而把这些看法强加于某人身上，就可能出现人际认知的偏差。但是，有些具有一定根据的刻板印象，能为我们在人际认知中提供一个大概的方向。

我们并不反对一般意义上的分类，而是反对模式化的简单分类，尤其反对僵化地看待某一类人的缺点。要纠正这种偏见，关键是要学习新知识，不断扩大视野，开阔思路，更新观念，以逐步清除刻板印象的影响。

　　心理效应中出现的各种偏差尽管有其不同的原因，但在哲学上却有共同之处，即都是主观地、孤立地、静止地、片面地而不是客观地、联系地、发展地、全面地看问题，没有坚持辩证唯物主义的方法论原则。所以，在生活中要保持正确的人际知觉，除了努力提高心理素质之外，更为重要的是要学习和运用辩证唯物主义方法论来认知他人。

二、努力提高人际吸引力

　　人际吸引就是人们之间的喜欢、尊重，是建立良好人际关系的基础。由于每个人的气质、品格之间的差异，人们之间交往的程度是不一样的。有的彼此之间互相支持和信赖，有的则平平淡淡。这是因为交往对象的吸引因素不同。社会心理学家经过长期的调查和实验，提出了影响人际吸引力的多种因素。

（一）接近因素

　　接近因素主要是指空间距离、兴趣态度、职业背影等因素的接近。"远亲不如近邻""情趣相投""同是天涯沦落人"等都是对接近因素在相互吸引中的作用的文学写照。美国社会心理学家弗里德曼发现，对密切人际关系感兴趣的人一般倾向选择结构小些、更封闭些的空间，认为这样才能建立起必要的邻近性。另外，时间上的接近，如同期毕业、入伍等，也易在感情上产生共鸣。人际吸引除了有时空的接近之外，还应有更为重要的兴趣、态度、价值观、职业等因素的相似。

　　在大学生之间，时空的接近、态度和价值观的接近同样影响他们之间的交往和亲疏关系。因此，在接近因素影响人际关系的规律中，可以得到一些启发：一是同班同学由于过的是朝夕相处的集体生活，个人的生活空间与他人的生活空间紧密相连，为发展友谊提供了客观条件，所以，班内同学为了把自己所在班级建设成关系和谐、健康团结的集体，就应该善于发现与他人的相似之处；二是在处理与他人交往的问题上，应先求大同，后存小异，才能改善人际关系，增进友谊。三是将心比心，心理换位。孔子曾说："己所不欲，勿施于人""仁者己欲立而立人，己欲达而达人"。

（二）互补因素

当交往的双方在能力特长、人格特质、需求、思想观念等方面构成互相补偿的关系时，就会形成良好的人际关系。夫妻之间需求互补是婚姻关系得以持久的基础。互补因素特别是心理特征的互补，是长期人际关系的维护中很重要的一环。夫妻关系是一种由相似吸引向互补吸引的演变过程，形成了"三部曲"。人们在社交初期，社会性的相似因素如经济地位、社会背景、宗教信仰、种族等起着显著的作用，这是属于友谊的理性阶段。熟悉时期，经过一段深交之后，两人个性特征相似，如兴趣、爱好、价值观等，这是友谊的感情阶段。伴侣时期，在友谊基础之上产生爱情，又由爱情结成婚姻，互补因素起决定的作用。双方互补的需求越强烈，吸引力越大，最终成为同舟共济、生死与共的伴侣。在同性友谊的建立及集体人际关系的形成过程中，互补因素也是不可缺少的。

（三）能力和品格因素

对于才华的敬仰可以说是绝大多数人的天性。与能力强的人交往，可以使我们学到不少知识，日臻完善。社会心理学家阿伦森等人曾经做过一个实验，结果表明能力强的人犯点小错误更招人喜欢，其招人喜欢的程度超过能力强而不犯错误的人；能力差的人如果再犯错误会使人更不喜欢，不招人喜欢的程度超过能力差而不犯错误的人；不管犯不犯错误，能力强的人总是比能力差的人招人喜欢。在大学生的人际交往中，为了增强吸引力，就要努力提高自己的知识文化水平和才干。同时，在认识别人能力的时候，也不要要求太高，不切实际。

品格在人际交往与人际吸引中也起着重要的作用。品格高尚的人在人际关系中受人敬重，品格低下的人遭人唾弃。吸引朋友的良好品质有忠诚、信任、热情、支持、帮助、幽默、宽容等品质，其中忠诚是友谊的灵魂与核心。诚实、真诚、忠诚、可靠等与真诚有关的品格是最受人欢迎的。此外，还有待人热情、乐于助人也是吸引他人的核心品质。

三、树立恰当的自我意识

人对周围世界的态度和行为趋向往往受自我意识的影响。自我意识既是自身行为的调控器，也是影响人际关系的一个重要因素。

所谓自我意识，就是个人对自己的身体、心理、自己与他人关系的意识。其中，自我认识和自我评价是核心部分。完整的自我意识包括横、纵两个方面的内容。首先，从横的方面来说，著名心理学家詹姆斯把自我分为三部分：

1. 物质自我

物质自我是指自己对自身生理及外部世界中属于自己那一部分的觉察和认识。

2. 社会自我

社会自我是指自己从他人与群众中获得的对自己的承认，特别是那些有利的评价。

3. 精神自我

精神自我是指个体的心理活动，又称心理自我。完整的自我意识首先应是对物质自我、社会自我、精神自我的横向意识。其次，从纵的方面来看，自我意识应包括意识过去的自我、现在的自我和将来（或理想）的自我。

自我评价在自我意识中占有重要的地位，个体对自己的看法和评价是不是真实的、客观的、准确的是衡量自我意识是否成熟的标志之一。不成熟的自我意识往往不是过低评价自己，就是过高评价自己，这样都不利于人际关系的和谐。过低评价自己往往产生自卑感，在社会交往中缺乏勇气、主动性，连自己都不信任的人很难引起他人的兴趣和关注，而这又助长自卑感。如此形成的恶性怪圈越发减退社交的欲望，最终陷于社交萎缩和社交恐惧的误区。相反地，过高评价自己往往使人骄傲，在交往中自吹自擂、盛气凌人，不接受建议和批评，在工作上出了问题也往往推诿责任，因此令人反感，不愿与其交往。正如美国心理学家库利所说，"如果一个人只看到自己比别人好，别人都不如自己，自我欣赏，自以为是，就会产生盲目乐观情绪。因此，就不能处理好人际关系。"

四、注意交谈对话艺术

交谈是人类语言表达活动中一种最基本、最常用的方式。对话是交谈活动的基本形式，包括发话者、受话者和对话内容三个方面。交谈对话是人际交往的重要方式，可以沟通信息、联络感情，从而达到解决问题的目的。交谈对话的主要方式有：

（一）商讨式交谈对话

在一般的人际交往中，主体常常通过与交往对象的相互讨论、共同协商，以求得在某些问题上的一致意见，达成某种程度的合作与协议。这种交谈对话具有统一性、建设性和合作性特点。交谈对话双方既严肃认真地表述自己的见解，又耐心听取对方的意见，求同存异，达到交谈对话的目的。

（二）说服式交谈对话

人际交往中的说服式交谈对话是交往的一方完成就某个（或某些）问题对另一方的劝导与说服。这种交谈对话发话者是交谈的主体，是交谈对话方向和内容的控制者。在进行这种交谈对话时，要细心观察另一方的表情和表现，在说而不服时要及时转移话题，向其他交谈对话方式转移。

（三）静听式交谈对话

静听式交谈对话有时在上级向下级征求意见时发生，目的是倾听下级对某些问题的反馈信息。在一般的人际交往中，表现为对话的一方把握不住对方的思路，通过静听争取时间、理清头绪，变被动交谈为主动交谈。在进行这类交谈对话时要注意倾听，情绪要和对方的情绪保持和谐，不要曲解人意。

（四）闲谈式交谈对话

闲谈式交谈对话是交往中常见的交谈对话方式。它没有明确的宗旨和专一的目的，如散步中的交谈对话，探亲访友中的交谈对话和邻里聊天等。这类交谈对话具有随意性和广泛性的特点，起到联络感情的作用。在进行这类交谈对话时，应当平等相待、以诚相见，交谈对话要健康。

在人际交往中有些不好的交谈对话方式应当引以为戒：一是不要随意打断他人谈话，扰乱他人思路；二是不要因为自己注意力不集中，迫使他人再次重复谈过的话题；三是不要连珠炮般地发问，以致他人难以应付；四是不要对他人的提问漫不经心，言谈空洞；五是不要随便解释某种现象，轻率地下论断，借以表现自己是内行；六是不要当别人对某话题感兴趣时，你却感到不耐烦，立即将话题转移到自己感兴趣的内容上。

此外，在交谈对话中还要富有幽默感。幽默是一种具有理智性、健康性与趣味性的心态和力量，幽默的技巧是借用幽默的语言给人以慰藉，活跃气氛，消除忧郁，增添欢乐。幽默是社会交往的法宝。掌握幽默的技巧，才能掌握打开人心灵的钥匙。常见的幽默技巧主要有：

1. 一语双关

一语双关是指故意使某些词语在特定的语言环境中具有双重意义的方法。

2. 巧借反语

巧借反语是指使用与本意相反的话来表达本意的一种方法。它的特点是正话反说，或反话正说，表面上是一层意思，其实又是另一层意思。

3. 巧借谐音

巧借谐音是指用声音表达的，利用谐音，音义结合，可以创造幽默的效果。如"妻管严"一般都称作"气管炎"。春节"福"字倒着贴，谈起来就是"福倒，福到"。

4. 假戏真做

假戏真做是指明知对方说的不是真实的话，却当真话来回答，从而产生幽默的效果。在人际交往中，一句幽默的戏剧性的语言或行为，效果却比正统的说教好得多。

在人际交往中，运用幽默技巧需要有敏锐的观察力和丰富的想象力，思维敏捷，随机应变。要情趣高雅，豁达大度，还要注意适可而止。

第三节 大学生网络人际交往的情形

一、大学生网络交往现状的调查与分析

社交网络作为大学生网络活动的新兴载体，对大学生思想观念、学习、生活、

心理等方面都产生着影响。为了研究网络对大学生社交的影响，某小组进行了一个有关大学生日常网上交友方面的调查。本次调查共发放调查问卷30份，回收30份，回收率达100％，有效数为30份，有效率为100％。调查结束后，该小组对调查内容予以总结。调查具有一定的科学性和代表性，但因为样本容量较少，造成数据的准确性不强，所以仅供参考。

（一）最活跃的社交圈

大多数的学生的社交圈大部分为学校中或生活中的朋友，只有少数的学生的朋友大部分为网络虚拟世界中结识的朋友。通过以上数据，可以看出大部分大学生在网络上交往对象多数依然是认识的人，陌生人所占的比例不是特别高。利用网络交友只是少部分同学的选择，大部分同学依旧以现实生活中的朋友作为自己的社交对象。这也说明网络是大学生拓宽人际交流的一种手段，也是大学生结识新朋友的一种途径。

（二）采取何种措施改善沟通状况

50.04％的学生会选择自我安慰，向自己灌输观念，43.10％的学生选择向亲朋好友寻求帮助，选择网友的学生占6.22％，另有0.64％的学生会选择找心理医生求助。可以看出，当大学生遇到烦恼的时候，自我调整是他们的第一选择，寻找朋友的帮助也是他们的主要倾向。网友并不是大部分学生倾诉苦恼的首选。这一现象表明，网络远远没有取代大学生现实生活中的人际交往，换句话说，大学生最重要的人际关系形成和发展依旧是在现实生活当中的。他们会选择自己身边的朋友就表明了现实对大学生人际交往的重要性，而在网络上认识的朋友因其虚拟性在现阶段还没有成为大学生人际交往的主体。

（三）会选择在网络上寻找另一半

12.64％的人选择会，24.91％的人选择不会，62.45％的人表示如果在现实中找不到才会考虑。近几年，网恋已经不再是新鲜现象。从我们的调查结果中可以看出，大多数的大学生认为是否网恋是无所谓的或者赞成网恋，这说明大学生认为网恋是一种恋爱的途径，采取顺其自然的态度。持反对态度的24.91％的人表明，依然有一部分大学生认为虚拟环境中建立的恋爱关系没有现实基础，不值得信任。

（四）使用社交网站和聊天工具

使用社交网站和聊天工具后，同以前相比与朋友在现实中的交流有无减少呢？69.31%的学生认为，联络次数和交流时间没有变化，25.27%的学生认为交流次数和交流时间有所减少但影响不大，仅有5.42%的学生认为交流次数和交流时间有明显减少。没有学生选择几乎不与朋友在现实中交流。从这个结果可以看出，网络并没有引起大部分学生现实生活中与朋友关系的疏远。而网络只是大学生生活中的一部分，大多数人没有沉迷网络而影响了正常的生活，另外也可以看出，经常上网与正常的人际交流不是相悖的，它们是可以调和的。但是也有一小部分学生认为有所影响或者影响较大，也同时说明大学生处理网络交流和现实人际交往的能力有待提高，应该帮助其形成健康的交往和交流的途径。

二、大学生网络交往的利与弊

社交网络作为大学生网络活动的新兴载体，对大学生思想观念、学习、生活、心理等方面都产生着影响，网络技术的发展为大学生的人际交往提供了一个全新的环境，它给大学生带来便利的同时也丰富了生活的内容，但同时也产生了一些负面影响。根据调查结果，针对学生网络交往的利与弊，做以下几点总结：

（一）网络交往给大学生带来的益处

网络是大学生释放情绪的窗口，是宣泄情感的出口。大学生正处在身心发展阶段，他们有些事情对父母、教师、同学、朋友都不一定想说，而网络为他们提供了广泛而隐秘的交流对象，这种聊天比当面交谈更自由。大学生通过网络可以和许多互不相识的人交流，并通过互相帮助、互相倾诉，释放不良情绪。因而，通过网络大学生可以控制自己的情绪，并加强自我管理，保持心态平衡，有助于积极健康地成长。

网络开阔了大学生的视野，创造了自我实现的新空间，同时，也拓宽了其求知途径，促进其个性培养，一定程度上促进了他们整体素质的提升。许多网站有专门提供交友服务的功能，因此大学生完全可以根据个人的兴趣要求、学习需要而结交自己想交的朋友，并促进自己的学习。有的聊天室有专门学习房间，比如英语聊天室、专业知识聊天室、有的BBs有对技术问题的讨论和留言，大学生们可以在这些平台学习知识，还可以向有关专家学者请教，就某个热点问题的讨论可以让大学生辨明是非，增强集体荣誉感和爱国主义精神，同时加强自己的参与意识。

网络交往对于大学生自信心的建立有着积极的影响。大学是树立自信心的关键时期，但有些大学生在同学面前不敢表达自己的看法，也不敢参加社团活动，但是他们在网络上却可以畅所欲言。由于网络的虚拟性、自由性，你可以在论坛上发表自己的意见，可以和网友侃侃而谈。因此网络交往的作用不容忽视。

（二）网络交往给大学生带来的不利影响

网络交往会使一些大学生变得孤僻，情感脆弱，无法适应现实生活。一些大学生因性格孤僻，不愿意或不善于与他人交往，厌恶某些虚情假意的人情来往，却偏青睐于网上交往。许多大学生上网时心情愉快，置外界于不顾，但是当他们不能面对电脑时，又会情绪低落；这种大起大落的情绪表现，本身就会给未来人格的形成带来隐患，形成一种无法忍受挫折、极易受伤的个性特征。而且，把大部分时间投入到网上交友聊天中，网上交友机会增加了，但现实生活中认识新朋友的机会却减少了，由于减少了与现实朋友的联系，一些大学生出现了友情淡化、现实交往的狭窄化等情况。

网络交往有使大学生的道德观念出现滑坡的危险。大学生上网有时不以自己的真实身份交友，所以无法得知交谈双方信息准确与否，更有些人有意在网上美化和虚构自身形象，其中有的是为了达到谋利目的而有意欺骗对方。因此网络人际关系的建立通常缺乏诚信的基础。长此以往，大学生在现实世界中对诚实守信的观念也就淡化了，并且还不以为耻，反引以为荣，道德观念也出现滑坡。而且，大学生对社交网络的频繁使用，也使得他们对社交网络产生了不同程度的心理依赖感，社交网络中存在的大量不良信息也给大学生的思想观念等带来了一定的不利影响。

大学生带着实现自我、情感表达需要及减轻心理压力等多种心理需求进行网络交往。但网络交往是一把双刃剑，在拓宽大学生的知识视野、丰富人际交往、满足大学生多种心理需求的同时，由于网络的隐匿性、虚拟性、监督机制匮乏等因素以及部分大学生对网络交往认识的不足，致使网络交往也对部分大学生产生了负面影响。比如网络交往可能使大学生人际关系疏远，可能限制大学生个体情感的发展，甚至有可能导致大学生产生双重人格障碍，而且网络交往中的大量不良信息也会危害大学生的身心健康。

三、大学生如何正确利用网络交往

网络交往之所以带给大学生诸多负面影响，是由于网络监督机制不健全、缺乏网络道德规范、信息过滤不足以及网络自身的特点使然，最重要的还是大学生自身独特的心理、生理特点及高校思想政治教育存在的不足，致使大学生难以抵御网络交往的诱惑。因此高校思想政治教育工作者应充分重视这个问题，并采取有效的措施，正确引导大学生的网络交往。

（一）可以利用网络进行心理健康教育

以校园网建设来提高心理健康教育的现代化水平，以心理健康教育来丰富和优化校园网的内容结构，实现网络建设与心理健康教育的良性互动。着眼于当代大学生的心理实际，主动适应大学生全面发展的内在要求，做到心理咨询要上网，心理辅导教师要上网，在网络平台上与学生平等对话，强化正面教育，消除负面影响。网站的设计形式要以体现心理咨询的内容为中心。尤其要加强网站咨询的保密工作，切实利用校园网络这个有效手段和载体开展大学生心理健康教育。同时，邀请相关专家学者在网上与大学生就心理方面的问题及社会热点问题展开讨论，并定期推荐优秀的心理健康网站。

（二）应该加强对大学生网络交往的教育和引导

要教育学生正确处理现实交往与网络交往的关系，应该要加强对大学生网络交往的教育和引导，具体体现在以下两方面：

1. 加强安全观引导，提高大学生自我防范意识

大学生处在身体与精神快速变化的时期，并且在思想上也较为自负，更容易成为网络交往的牺牲品。因此，对大学生的教育应针对网络是虚拟的、与现实有很大差距的特点，加强安全教育，加深大学生对现实生活的感受，加快大学生思想成熟，领悟虚拟与现实的区别，端正学习与生活的态度。

2. 加强网络情感行为的引导，形成健康的情感观

针对大学生网恋的特点，帮助他们建立正确的网络交往观、情感观，培养大学生健康的人际交往观念和情感交流观念。

对大学生的人际交往有着积极的影响，它所起到的作用不容忽视，大学生正处于心理发展的完善时期，建立良好的人际关系是心理健康的基础。网络交往既有积极的一面，也存在着消极的一面，但网络本身并无对错，关键是大学生如何正确运用它，这就需要学校、社会和家庭对他们加以正确的引导，发挥网络交往的优势，克服弊端，利用网络培养健全的人格和良好的心理素质。

第五章　大学生人际交往障碍概述与对策

第一节　人际交往障碍概述

一、人际交往障碍概念

"障碍"一词在《心理咨询大百科全书》中解释为：个体因心理和生理功能减损到不足以适应一般正常人生活时出现的困难状况或局限性。之所以称为"障碍"是因为它阻碍了正常的活动和生活，以此类推，人际交往障碍也就是阻碍人际交往活动正常进行的各种因素的总和，它贯穿人际交往始终，是一种阻碍交往活动的斥力。具体来说，交往障碍就是指在人际交往过程中，交往双方因受社会、文化和心理因素的影响导致交往不畅或交往困难，从而阻碍了正常信息交流和情感沟通的状态或表现。

现代社会生活节奏变得越来越快、竞争日益激烈，人们之间的关系似乎比以往更加趋于利益化，人与人的交往也相对冷漠，越来越多的人陷入人际困扰，人际交往障碍也成为不得不正视的重要问题。调查显示，人际交往障碍已经成为引发大学生心理问题的首要因素[①]，为数不少的人因为人际关系紧张而产生郁闷、焦虑的情绪，无法进行正常的工作和生活，严重的容易导致强迫症、抑郁症和焦虑症等心理问题，甚至出现自杀的倾向。

二、人际交往障碍类型

人际交往障碍根据不同的角度，可以有多种划分标准，分别服务于多种研究

[①] 陶涛，孙启莲. 人际交往障碍成为在校大学生最常见的心理问题[J]. 成才之路，2008（21）：90.

需要。

（一）按照障碍的发展分类

人际交往障碍可以按照障碍的发展阶段分为人际失谐、人际紧张、人际敌视和人际冲突。

1．人际失谐

由于文化、社会背景或者性格等方面的差异使双方在交往时，气氛变得不那么和谐、愉快的情形称为人际失谐。处于失谐状态的人际交往，只要双方适当改变自己的某些方面，就可能恢复和谐的人际关系。

2．人际紧张

人际失谐的原因有时是比较隐晦的，双方可能都不清楚如何调整自己，从而使这种失谐状态持久地存在，最终导致人际紧张。处于人际紧张的双方能够感到自己的人际关系有点不正常，人际张力增大，交往的双方很难彼此接受和悦纳对方，但是他们之间仍然可以有人际交往，只是交往频率降低。

3．人际敌视

处于人际紧张的个体如果没有及时解决相应的问题，使人际紧张进一步发展，当人际张力增大到一定程度时就会形成人际敌视。人际敌视较难改善，在这种僵局当中交往双方弥散性地敌对、仇视另一方，因此他们之间几乎不再有人际交往。

4．人际冲突

人际交往障碍的最高表现形式是人际冲突，此时交往双方在言语或者行为上完全对立，出现争斗的局面。人际冲突的结果是交往双方完全决裂，有可能会给彼此造成心理或身体上的伤害，人际交往到此结束。

（二）按照个体障碍的严重程度分类

人际交往障碍按照个体障碍的严重程度可分为人际羞怯、人际焦虑和人际逃避。

1．人际羞怯

个体在许多人际交往活动中习惯性地出现紧张反应，如脸红、结巴、口干、心慌或者其他行为，从而造成个体不愿积极交往的现象称为人际羞怯。这是交往障碍中最轻微的一种。人际羞怯使个体在某些人际交往中失去主动性，也不能充分利用交往机会展示和发展自己。人际羞怯往往具有情境性，脱离了某种交往情境，羞怯反应可能就自行消失了。这种障碍虽然在一定程度上阻碍了个体的人际交往，但是个体仍然可以正常地面对和应付人际交往。

2．人际焦虑

个体在人际交往活动中经常性地惊慌失措、局促不安、无所适从、自我迷失的现象被称为人际焦虑。[①]国内早在1986年金华等人就报道18～29岁这个年龄段的人际敏感均分最高，且这个年龄段的人际敏感分高于其他因子分。[②]人际焦虑使个体极其敏感于人际交往，并且容易产生泛化，常伴有或轻或重的典型自主神经功能释放的表现，如脸红、心跳过速、心慌心悸、发抖、出汗、呼吸困难等，长期存在将使之感受到较强的主观躯体不适，直接影响交往正常进行。

3．人际逃避

人际焦虑的障碍如果一直得不到调适就会导致个体不敢再面对人际交往或者不愿介入此类人际情境，这就是人际逃避。长期处于人际逃避状态下的个体由于不能进行正常的人际交往，阻断了信息交流与情感沟通，很容易产生孤独或自负情绪，甚至形成自闭症等心理疾病。

（三）按照人际交往的制约因素分类

人际交往障碍按照人际交往的制约因素进行分类，分为主观障碍和客观障碍两种类型。

1．主观障碍

主观障碍也就是心理障碍，指的是人们在社会生活中所产生的一种对人际交往具有影响和妨碍作用的心理体验。表现为认知障碍、情绪障碍、人格障碍和能力障碍四种：认知障碍是在人际交往中所表现出来的有失偏颇甚至错误的思想观

[①] 金华，吴文源，张明园．中国正常人 SCL-90 评定结果的初步分析[J]．中国神经精神疾病杂志，1986（05）：260-263．

[②] 张迪．大学生人际障碍的调适方法[J]．信阳农业高等专科学校学报，2001（02）：54-55．

点、心理特征，这容易导致人际交往中行为的偏差和失误；人际交往中的情绪表现应是适时适度的，应当与引起情绪的原因及情境相称，并随客观情况的变化而变化。然而，在人际交往中经常出现一些不合时宜的不良情绪或逆向情绪，这就是人际交往中的情绪障碍；美国著名心理学家奥尔波特提出人格是个体内在心理物理系统中的动力组织，它决定人对环境适应的独特性。[①]不良的人格特征容易给人以不良评价、不愉快的感受乃至一种危险感从而影响人际交往，这种现象就称为人际交往中的人格障碍；人际交往能力的欠缺是影响人际交往的重要原因之一，个体往往会因为缺乏交往的经验和技巧，在人际交往中不能很好地表达自己，从而阻碍了人际交往的顺利进行，这就是人际交往中的能力障碍。

2. 客观障碍

（1）文化障碍

文化障碍主要是指由于语言、社会习俗、宗教、生活方式、价值观念等方面的差异带来的障碍

（2）社会背景障碍

社会背景障碍是指因社会地位、社会阶层、教育背景、职业不同对人际交往造成的障碍。

客观障碍的存在限制了人际交往，但是客观障碍是可以克服的。如果交往双方正确、真诚对待这种差别，甚至能成为吸引彼此的"灵犀"。

第二节　大学生交往障碍原因分析

以上所列举的大学生交往障碍，不管是客观方面还是主观方面都严重困扰着大学生，阻碍和谐人际关系的建立。为了帮助大学生从人际苦恼中解脱出来，引导他们提高人际交往的能力，我们必须深入剖析产生这些交往障碍的原因。按照马克思主义哲学原理，事物的发展都是内外因共同作用的结果。同样，产生大学

[①] 郑雪. 人格心理学[M]. 广州：暨南大学出版社，2007：6.

生交往障碍的因素也有内外因之分，外因主要包括社会环境因素、学校因素和家庭因素，内因主要指大学生个体心理因素。

一、社会环境因素

社会环境对大学生人际交往的影响主要是指社会经济、社会转型、多元文化、社会风气等因素对大学生交往观念的影响。改革开放和市场经济的飞速发展使社会环境发生了复杂和深刻的变化，不仅改变了物质生活，同时也改变了个体的价值取向和思维方式，改变了个体的交往观念。

1. 市场经济注重利益追求的负面效应

市场经济注重利益追求的负面效应不可避免地影响了大学生人际交往的行为方式。现实中人们不断强化的利益诉求以及不同领域中形形色色的道德失范现象，似乎表明人与人之间的关系愈来愈难以成为一种纯粹的情感关系。尽管大学生的人际交往相对单纯、功利色彩不浓，但是各种消极思想也会不可避免地渗入其中：拜金主义、享乐主义观念加重了部分大学生择友时的功利心态，交友不再是为了情感交流，而是为了达到各种目的；个人主义、利己主义膨胀导致部分大学生在人际交往时一切以自我为中心、自私自利，不考虑对方的感受必然会使交往无法深入；社会竞争压力的加大导致部分学生缺乏必要的人际信任，为竞争不择手段，使大学生人际交往过早地被世俗笼罩。

2. 经济一体化发展引起的多元文化冲突

伴随全球化和经济一体化的发展，世界文化开始融合，我国的意识形态领域也不可避免地出现了多元文化冲突，传统文化、西方文化、现代文化统统摆在了大学生的面前。这些文化的巨大差异使大学生的思想观念发生了剧烈的冲突，价值取向发生混乱导致他们在人际交往时产生多方面的困惑和焦虑，影响正确交往观念的建立，容易产生交往障碍。

3. 社会巨大转型变化引起的社会分化

社会转型的巨大变化导致社会功能的不断分化、社会阶层的重新组合、社会利益的重新分配，这些都深深地影响着包括大学生在内的社会成员的心理，造成人际关系的相应变化。大学生重视交往的平等和民主，交往个性意识和自主意识较强，但是又不得不受到社会阶层、社会地位等的限制，所以很容易陷入人际困扰。

4. 互联网发展对人际交往的限制

互联网的发展突破了时空对人际交往的限制，为大学生的人际交往提供了全新、便利的方式，丰富了人际交往的内容，但同时也给大学生人际交往带来了很多消极因素。

（1）长期沉迷于网络会使大学生的人际关系淡化，引发情感的匮乏和冷淡，同时削弱了同他人面对面交往的能力。一旦在现实社会中人际交往受阻，就会再转向虚拟社会寻求安慰和满足，形成恶性循环，从而使他们更加沉溺于网络、逃避现实，最终导致自我封闭，造成人际关系异常。

（2）网络交往主要是人机对话，每个人都可以匿名用"符号"交流，不用承担责任，所以难以判定言论是否真实。很多网民以游戏的心态进行网上交往，容易造成人际信任危机，这种网上人际信任危机甚至还会迁移到现实社会，影响到现实人际交往的态度。此外，以战争、暴力等为主要内容的网络游戏和色情网站也充斥在网络上，给大学生造成了很多负面影响。一些大学生很容易导致道德弱化，价值观和人生观也受到侵蚀，使人心理失衡，容易形成冷漠、无情和自私的性格，从而产生交往障碍，危害其身心健康。

二、学校教育因素

学校教育是影响大学生人际交往的一个重要因素。在踏进大学校门前，他们所受的系统教育基本都是应试教育，学校通常以提高升学率为首要任务，学习成绩往往成为评价学生的首要标准。学生只顾自己学习，根本无暇顾及与人交往、帮助他人、提高交往能力等问题。上了大学之后，这种应试的惯性思维方式被保留甚至被强化，有些同学竟然把人际交往与学习对立起来，担心过多的人际交往影响学习，缺乏交往的积极性与主动性，容易产生交往障碍。近年来我国教育改革取得一些发展，注重素质教育、试图全面提高学生各方面能力，对学生的人际交往有一定促进作用，但是在许多方面还是不尽人意，具体表现在以下三点：

1. 学校提供的人际交往空间相对狭小

人际交往需要有共同的交际空间作为载体才能进行下去，因此学生的人际交往情况很大程度上依赖于学校提供的交往空间。中小学的学生课业繁重，学校提供的交往空间和时间少得可怜，社团活动和社会实践也开展不足，大部分学生都处于"两耳不闻窗外事，一心只读圣贤书"的状态。有些同学认为交往空间小、机会少是主要因素，大学生人际交往大多都局限在寝室、教室、餐厅、图书馆、运动场等地方。近年来随着高校的不断扩招，学校的软、硬件相对紧张，使得大学校园变得非常狭小。学生宿舍紧张、餐厅拥挤、图书馆和教室都要提前占座，这种人员过度密集的校园环境阻碍了大学生的人际交往活动，甚至加大了校内人际冲突的发生率。同时部分高校由于场地和经费所限，开展各种学生社团与社会实践活动也相对较少，给学生提供团队合作、人际交往的机会不够多，也大大限制了大学生人际交往的频率和深度。

2. 学校开展的人际交往教育不完善

中小学的学生正处于成长期，他们不仅应该得到良好的文化知识教育，更应得到良好的身心教育。但是在我国中小学教育大多片面追求分数、忽视能力，重智力因素、忽视非智力因素，缺乏人际交往方面的教育。进入大学后，仍有一些高校对大学生人际交往教育重视不够。有的高校没有设置人际交往教育课程，无法让学生全面掌握人际交往的原则、技巧；有的高校未配置专职的心理辅导老师来帮助学生解决人际关系方面的困惑与障碍，这种人际交往教育和指导的缺失，不利于大学生交往能力的提高。有些同学认为高校应该在讲授人际交往知识方面努力来促进大学生交往。还有一些高校虽然开展了人际交往教育，但是通行的是灌输式教育，缺乏"渗透式教育"，基本上都是老师讲、学生听，造成学生缺乏沟通的主动性和学习的积极性。人际交往教育是一种情绪调节、情感体验，是心灵的沟通、理念的认同，绝不是简单说教所能奏效的。目前学校开展的人际交往教育是很不到位的，无法满足学生人际交往的需求，更无法促进其人际交往素质的全面提高，这是产生交往障碍的重要原因之一。

3．教师重视不足，师生交流太少

中小学阶段教师在教育过程中更多地关注学生的学习成绩，对于学生的心理健康、人际交往则较少关注，以至于一些学生孤立、以自我为中心等消极交往品质没有得到及时矫正，无法正确处理人际关系。大学阶段是个体人生观、价值观、交际观形成的重要时期，这个阶段大学生的心理发展还不成熟、不稳定，因此经常在人际交往方面出现迷茫和困扰，需要教师给予必要的引导。但是目前很多高校的教师对此重视不足，没有在课程当中渗透和穿插关于大学生人生观、价值观、交往观念的教育，同时与学生缺乏真情的互动，接触、交流的机会太少，造成师生关系相对疏远，根本无法起到引导的作用。另外部分高校配备的辅导员由于所带班级过多或者自身素质不高、专业化不强，也不能满足学生的现实需要，致使个别学生的人际交往问题得不到及时的解决、人际困扰得不到有效的化解、心理问题得不到及时疏导，容易造成大学生心理失衡，进而影响大学生人际交往的正常进行和良好人际关系的建立。

三、家庭环境因素

家庭是一个人最直接的生活环境，对一个人交往心理和行为有较大的影响。大学生的很多人际交往障碍都能从家庭因素中找到根源，家庭因素对大学生人际交往的影响主要包括以下三个方面：

1．家庭背景对大学生交往的影响

来自不同家庭背景的学生有着不同的成长环境、经济状况、价值观念等，这些因素都会直接或间接影响到大学生的人际交往。大学生成长环境的不同，导致其语言、风俗、生活方式和待人接物的方式不同，这些方面很有可能导致大学生之间的交往障碍。家庭经济状况也影响着大学生的心态、见识、爱好、消费层次、娱乐方式和审美观念等。家庭经济状况好的学生从小生活在"温室"环境中，见识广、优越感比较强，在人际交往中容易表现出自我为中心、高高在上的心态，相反来自贫困家庭的孩子，容易产生自卑情绪。不同的家庭背景下，不同职业和文化水平的父母给大学生灌输了不同的价值观念，导致了他们不同的行为规范和交往观念，这也会影响他们之间的人际交往。

2．家庭教养方式对大学生交往的影响

家庭教养方式与大学生的人际交往总体的相关达到显著水平，并且人际交往总体与父母良好的教养方式呈显著正相关，而与父母不良的教养方式呈显著负相关。父母的教养风格越积极，大学生人际交往水平的得分越高；父母的教养风格越消极，大学生人际交往水平的得分越低。溺爱型的教养方式容易使子女形成"唯我独尊"、自私、任性的性格，在人际交往过程中会过分以自己为中心，在成长早期容易形成自负的交往障碍。与此同时，由于过于依赖父母，缺乏必要的锻炼，还容易产生自卑的心理障碍；权威型的教养方式中，父母对孩子过度地干涉和压制，对其人际交往进行过多的限制，使子女往往很难产生对最初接触者的信任感与安全感，容易产生猜疑的心理障碍，同时由于经常遭受父母的训斥，使孩子产生羞怯、自卑的心理障碍；放任型的教养方式使孩子从小缺少父母的爱和必要的教导，容易产生嫉妒的心理；只有民主型的教养方式才能使孩子形成健康的心理品质和健全的人格，更好地促进其人际交往能力的提高。

3．家庭氛围对大学生交往的影响

大学生与父母关系的好坏，对人际交往能力的影响很大，和父母关系好的大学生人际交往能力相对较强，和父母关系不好的大学生人际交往能力相对较弱。在家庭暴力下长大的孩子没有成就体验，往往会自卑、内向、害怕犯错误，从而出现情绪化人际障碍；父母离异，家庭变故容易导致大学生性格孤僻、不善于沟通，因此不容易建立良好的人际关系；孤儿或者从小缺少爱的大学生，往往自我防卫心理过重、自尊心过强、内心极度敏感，因此容易为一些小事产生苦恼甚至怨恨的情绪，弄得关系很紧张。相反，家庭氛围融洽的大学生心理容易保持健康，较少出现交往障碍，因而善于与他人交往。

四、个体心理因素

除了上述客观因素外，对大学生交往影响更深刻、更广泛的则是大学生自身的心理因素。客观因素只是外因，起决定作用的是内因，大学生的心理因素就是大学生交往障碍的内因。心理包含知、情、意、行，因此可以从大学生认知、情绪、人格这三个方面来诠释大学生交往障碍产生的原因。

（一）认知因素

心理学认为在人的心理过程中认知是基础，决定着情感、主导着行为的取向。大学生交往认知因素是指大学生在人际交往过程中对自己、对他人、对人与人之间关系的认识和看法，可以从以下三个方面来分析大学生人际交往的认知偏差：

1. 大学生自我认识不足

有一些大学生对自我缺乏客观的认知和评价，对自己在所处环境中的地位与角色不能正确认识，因此在具体的交往活动中便出现了各种困扰或障碍。有些同学由于从中学尖子生转化为大学普通生而产生强烈的失落感甚至是自卑感，自己逐渐封闭起来，产生人际交往困扰；有些同学因为某些能力得到了充分展示受到老师和同学的喜爱，从而产生了骄傲、自负的情绪，在人际交往中过分关注自我、完全不顾及别人的感受，逐渐与周围同学疏远。

2. 对他人认知的偏差

人际认知偏差主要涉及首因效应、晕轮效应、定势效应、刻板印象和投射效应五种。首因效应就是指在某种条件下最先进入人们视野的信息在形成印象时占优势的现象；晕轮效应是指人们依据已知的或局部的特征推及未知的其他特征，形成对认知对象完整印象的泛化效果；定势效应是指人们早已形成的对认知对象的心理准备状态，这种状态使人沿着一定的倾向性来解释随后得到的信息，从而使客观知觉带上主观色彩；刻板印象指人们对某一类人所形成的一种较固定、笼统的看法；个体把自己的情感、意志、特质强加在别人身上，认为别人也是这样，以此为基础认知别人，称为投射效应。这五种认知偏差是造成交往障碍的重要原因，大学生应该认真了解并积极克服这些偏差，从而保证人际交往的顺利进行。

3. 对人际关系的完美性和理想化的错误认知

大学生处于幻想的年龄，心理不成熟、社会阅历有限，尚未体会到社会上人际交往的复杂性，这在客观上造成了很多大学生把人际关系看得相对单纯。他们把人际关系看得过于理想化，然而现实中的人际交往并不是像他们想象的那样完美，这种理想与现实的矛盾会给大学生带来很大困惑和苦恼。他们常常以过于完美和理想化的尺度去衡量人际交往中的自我和他人，结果既不能悦纳自己，也不能宽容待人，在人际交往中把自己置于十分尴尬、被动甚至孤立的境地。少数人甚至会因此消极地自我封闭，拒绝与人交往，从而引发交往障碍。

（二）情绪因素

情绪因素是大学生交往的重要调控器，它体现了交往双方在感情上的好恶程度以及对人际关系现状的满意程度。对情绪的重视是大学生交往本身具有的特征，但是大学生处在青春期的情绪特征，尤其是一些不良情绪经常会导致交往障碍的出现，具体表现在以下三点：

1．大学生情绪的起伏性

大学生情绪波动较大，这跟大学生自身生理、心理发展特点有关。有些学生前一分钟还兴高采烈，后一分钟就黯然伤神，从一个极端走向另一个极端，这种突然的情绪波动会导致个人的人际知觉的扭曲，影响到人际关系的稳定性。

2．大学生情绪的冲动性

大学生自我意识发展不完善，缺乏稳重的"平常心"，加上精力旺盛，对外部刺激反应迅速，情绪非常容易冲动。一旦冲动就会难以控制，表现出激动、易怒的不良情绪，在人际交往过程中很容易造成人际冲突。

3．大学生情绪的延续性

大学生已不像儿童那样情绪容易受外部刺激的干扰，而是有着情绪体验的延续性。即使刺激已经消失，这种刺激引起的情绪反应，还是会长久地留在心头，使人的语言和行为都染上某种特定的情绪特色。因此大学生一旦遭受挫折，这种苦恼就会延长而形成不良情绪，比如郁闷、焦虑、自卑等，从而导致人际交往障碍，影响大学生的身心健康。

（三）人格因素

人格指个体的整个心理面貌，人格一经形成便具有相对稳定性，在个体的各个方面都发挥作用。人格中的乐群性、稳定性、兴奋性、敢为性、怀疑性、幻想性、忧虑性、独立性、自律性、紧张性10个人格因子直接影响大学生人际交往能力。由此可见，人格是影响大学生人际交往的重要因素之一。如果在人际交往中表现出与常人不相协调，让人感觉具有一种无法正常交往的"怪脾气"，这种现象就称为人际交往中的人格缺陷。由于这种人格缺陷导致的交往障碍在大学生中较为普遍，具有这种缺陷的人不仅不能建立和谐的人际关系，而且也不能较好地展现自己的才能，很容易导致心理问题。大学生交往中的人格缺陷主要有以下七种类型：

1. 偏执型

这种类型的人非常敏感、固执死板，对人要求苛刻，猜疑心、嫉妒心都很强，所以很容易与别人发生摩擦和冲突。别人都敬而远之，自身心理又敏感、沮丧，往往会陷入痛苦的人际困扰中，容易产生人际交往障碍。

2. 分裂型

这种类型的人孤僻冷漠、行为怪异，强烈的我向性思维，沉浸在白日梦中，生活在别人难以理解的世界里。这种人几乎没有朋友，一般也不与别人发生冲突，因为他们人际交往范围非常狭窄甚至几乎没有正常的人际交往。

3. 攻击型

这种类型的特点是对事物容易做出爆发性反应且不可遏制，行为具有攻击性，不计后果。这种人无法与别人正常交往，不仅没有和谐的人际关系，而且可能会打架斗殴甚至走向犯罪道路。

4. 强迫型

这种类型的人具有强烈的自制心和自我约束力，谨小慎微、苛求完美、顾虑太多。他们常用挑剔的眼光看待交往对象，而且比较死板、缺少活力和热情，所以容易让交往气氛变得压抑，自己也经常处于一种焦虑、紧张的状态，容易产生交往障碍。

5. 癔症型

这种类型又称为表演型，喜欢自吹自擂，装腔作势、自我中心、虚荣善变。

这种人由于感情肤浅，爱挑逗他人，既想操纵他人，又想依赖他人，所以经常遭到别人的讨厌或者欺骗，人际关系不佳。

6. 逃避型

这种类型最大的特点是行为退缩、心理自卑，面对问题采取回避态度。逃避型人格形成的主要原因是自卑心理，他们一般除了至亲很少有知心朋友，在社交场合总是缄默无语，很容易产生社交恐惧或逃避的心理障碍。

7. 依赖型

这种类型的人缺乏自信心，感到自己无助、无能。在人际交往中总是依附于别人，没有主见，生怕被人遗弃，所以过度顺从他人意志。这种人只要独自一人就会感到无所适从，看似有很愉快的人际关系，实际上容易让周围的人看不起，一旦察觉到这种轻视就会陷入交往障碍的痛苦中。

第三节　大学生交往障碍调适的原则与内容

一、大学生交往障碍调适的原则

人际交往障碍已经成为大学生的主要困扰之一，因此交往障碍的调适也成为高校不得不重视的问题。交往障碍的调适除了全面、深入地分析交往障碍的表现和产生的原因，还必须要遵循一定的原则，只有把握这些原则才能使调适达到良好的效果，从整体上提高大学生的人际交往能力。

（一）坚持教育指导与自我调适相结合

教育是由他人教育和自我教育构成的统一体，对于大学生交往障碍的调适也必须遵循教育指导与自我调适相结合的原则。

大学生还处于成长阶段，对于人际交往还存在着许多困惑，来自他人的教育指导是必不可少的。这里的教育指导是指高校思想政治工作者在思想政治教育和心理学理论的指导下，运用各种方法对大学生人际交往理论的教育和人际交往障碍调适的指导。高校思想政治工作者既担负着大学生人际和谐教育的重要任务，也肩负着调和人际关系、平息人际冲突的任务，对于大学生和谐人际关系的建立起着至关重要的作用。教育指导要注意内容的丰富性、渠道的多样性、形式的新颖性和影响的广泛性，努力打造大学生健康的心理和和谐的人际关系。

我国著名教育家叶圣陶认为："教是为了不教"。这里的"不教"是指自我教育，针对大学生交往障碍也就是自我调适，是大学生为实现和谐人际交往而进行的自我调整、自我培养的活动。自我调适是大学生解决交往障碍的关键和内在动力。大学生应该在人际交往过程中学会从自身因素出发，针对自身不足进行必要的训练，培养人际交往的基本素质，这种自我调适的效果往往要比他人的教育指导更加行之有效。

教育指导是外在教育，是大学生和谐人际关系的外部条件；自我调适是自我教育，是大学生和谐人际交往的内部因素。外因是事物发展变化的条件，内因是事物发展变化的根据，外因通过内因起作用，两者缺一不可。大学生交往障碍的调适离不开他人的教育指导，但是这种教育指导最终必须变成大学生自己的认识和行动，促进自我调适，只有两者结合才能保证大学生人际交往的健康和谐。

（二）坚持普遍关心与重点关注相结合

解决问题要将矛盾的普遍性与特殊性相结合。对于优化大学生交往而言，一方面要注重大学生人际交往整体水平的提高，另一方面要关注存在交往障碍的少数学生，有针对性地帮助他们予以调适，坚持普遍关心与重点关注相结合。

普遍关心是指人际交往教育要坚持面向全体学生，为全体学生服务，还要运用系统论的观点帮助大学生调适交往障碍或者提高交往能力。这就要求在制定人际交往教育计划时要着眼于全体学生，在确定教育内容时要考虑到绝大多数学生的共同需要和普遍存在的问题，以绝大多数乃至全体学生的人际交往能力提高为教育的基本立足点和最终目标，给每一个学生以普遍关心。

重点关注是指在大学生交往障碍调适中要有针对性，特别是需要加强对特定人群的重点教育，如孤儿、离异家庭学生、贫困生、生理有缺陷的学生和近期突发生活事件的学生等。这一类学生由于家庭、经济、生理、挫折等原因，往往比较敏感或者有些自卑，容易产生交际障碍，需要特别注重对这类学生的关爱和引导。有调查显示："贫困学生的人际交往能力远远低于经济状况良好的学生。大学生人际交往能力存在年级差异，年级的高低与人际交往能力的高低成正比。"[①]因此，对大一新生也应该重点关注。新生进入大学后，开始脱离家庭，人际交往日益频繁和复杂，很多同学都会显得无所适从，这时就特别需要关注、教育和引导，帮助他们走出初入学时期人际交往的困境。

（三）坚持困扰调适与危机干预相结合

任何教育都必须根据学生的身心发展特点和个性差异因势利导、因材施教，只有这样才能收到良好的效果。大学生交往障碍的调适也是如此，应该根据学生交往障碍的程度不同区别对待，坚持一般困扰调适与危机干预相结合的原则。

对于大学生人际交往中存在的如人际羞怯等尚不影响正常交往的一般困扰，应该用积极引导的方式来帮助调适，比如通过说服教育、榜样示范等方式帮助其调整消极的交往心态，消除不良的交往情绪，培养正确的交往观念，适当进行必要的人际交往训练，帮助他们建立和谐的人际关系。

交往心理危机是指大学生在人际交往活动中遭遇交往障碍时，交往个体既无法回避，又不能运用已经形成的个人经验和应对策略来解决时产生的心理紧张状态。[②]对于交往心理危机，必须及时采取措施进行心理干预，针对交往障碍产生的原因不同采取社交技能训练、系统脱敏疗法、精神分析干预或者人本主义干预等，必要时采取药物治疗。

一般困扰的调适，可以采取团体训练的形式，而交往心理危机的干预最好进行个别干预。高校要积极开展大学生人际交往教育，加强一般困扰的调适，健全大学生交往困扰调适的组织结构，有效地对大学生交往危机及时干预。同时强化防范措施，对可能出现的交往心理危机进行预测和监控，把危机消灭在萌芽状态，保证大学生健康文明交往。

[①] 冯宗侠. 大学生人际交往能力现状调查研究[J]. 北京理工大学学报（社会科学版），2004（04）：57-59.
[②] 王佳利. 试论当代大学生交往心理危机及其干预策略[J]. 牡丹江教育学院学报，2005（06）：61-62.

（四）坚持专业辅导与全员参与相结合

大学生交往障碍影响到个体生理和心理的各个层面，妨碍个体的正常心理与社会功能的发挥，高校必须要进行及时、有效的干预。这其中包括高校三级网络：第一级就是专业辅导，专业辅导是由专家、专业人士运用心理学的技术、手段或者药物治疗，通过个别化的辅导帮助大学生疏解由于心理问题导致的交往障碍、发展良好的交往能力、促使个体和谐成长的形式；第二级是以非专业人员为运行主体的干预体系，主要指充分发挥院系分管学生工作的党总支副书记、辅导员、班主任的重要作用，做到主动地关心学生的人际交往问题，同时积极开展人际交往教育和辅导；第三级主要是指大学生们自发形成的互助小组，小组成员对周围产生人际交往困扰或障碍的同学和朋友进行开导、安慰和支持，提供一种具有支持功能的帮助。

大学生交往障碍的调适离不开以专家、教师为中心的专业辅导，但是由于师资力量和专业素质的局限，这种专业辅导主要是针对个别同学的，会人为地窄化大学生交往教育的对象和内容、制约其良性发展和作用的全面发挥，因此必须要建立全员参与的人际交往教育体系。大学生互助小组就是一种更为主动、有效的自我教育模式，涵盖了全体学生、充分调动了学生的积极性和主动性，在助人的同时主体意识得到强化，促进自我成长。只有坚持专业辅导与全员参与相结合、不断健全大学生交往三级干预网络、调动各方面力量，才能使大学生交往障碍的调适落到实处，朝着更全面、健康和持续的方向发展。

二、大学生交往障碍调适的内容

面对大学生在人际交往中存在的各种障碍，很多人认为只要教育者和管理者加强引导和关怀就足够了。但笔者认为，只有通过分析交往障碍产生的原因并进行系统地、科学地、有针对性地调适，才能有效地帮助大学生消除障碍、提高交往能力，具体可以从交往品德、交往认知、交往性格和交往技能调适这四个方面来展开。

（一）交往品德的调适

有些同学认为人际交往中的最重要的是个人的道德品质，与平等性、互利性和共同兴趣相比位列第一。康德曾经说过"德性就是力量"，强调的就是品德的重要性。品德是个人依据一定社会的道德规范采取道德方面的态度、言论和行动时经常表现出来的比较稳定的心理特征或倾向。[①]交往品德也就是指在人际交往中个体所采取的道德方面的稳定的、独特的心理倾向，它能唤起人们的道德觉悟和责任感，影响人们的交往、协调人们的关系，从而为良好人际关系的构建奠定基础。一个人交往品德的优劣，对人际交往会产生非常大的影响。和谐的人际交往有赖于优良的交往品德，良好的交往品德（如善良、正直、诚信、礼貌等）有利于增进人与人之间的吸引力，有助于建立和维护良好的人际关系。而不良的交往品德（如虚伪、贪婪、粗鲁、冷漠等）则妨碍良好人际关系的建立，不利于人与人之间的合作和团结。所以在调适大学生交往障碍的实践中，培养大学生优良的交往品德成为一种趋势和必须。

美国心理学家安德森所做的一项调查中得出，受喜爱程度最高的6个个性品质包括真诚、诚实、理解、忠诚、真实、可信。[②]大学生要培养自己良好的交往品德，应该有意识地培养这些优秀品质和特征。

1. 培养诚实守信，礼貌待人的交往品德

知礼明信、诚实守信、以礼待人，是人际交往得以延续和深化的保证。在人际交往中，只有抱着心诚意善的动机，文明礼貌地行动，言必信、行必果、不卑不亢、端庄大方，才能取得别人的信赖和尊重，人际关系才能得以巩固和发展。但是在当前大学生人际交往中诚信、礼仪等都面临着严峻的考验，大学生之间的交往多了份虚伪和功利、少了份真诚和友爱，这种人际交往不是健康的人际交往，因此培养大学生诚信和礼貌的交往品德势在必行。

（1）要让大学生认识到诚信在人际交往中的重要性。

孔子说"人而无信，不知其可也"。中国传统文化十分推崇诚信原则，认为诚

---

① 杨韶刚. 道德教育心理学[M]. 上海：上海教育出版社，2007：12.
② 章志光. 社会心理学[M]. 北京：人民教育出版社，1996：273.

信是交往的基本准则和价值标准，是构建和谐人际关系的基石。诚实，即以诚待人、实事求是，用真诚去处理人与人之间的关系；守信，就是言而有信、遵守诺言、说话算数。现代社会是诚信社会，诚信是最基本元素。大学生要以诚为本、不轻易许诺，一旦许诺要设法实现以免失信于人，诚信地对待学习和工作，这样才能建立良好的人际关系。

（2）加强个人礼仪修养有助于增进人际交往。

注重文明礼貌、加强个人礼仪修养有助于增进人际交往，是和谐人际关系的钥匙。礼仪最初的功能就是规范社会秩序和协调人们之间关系。通过加强礼仪学习得到关于人际交往态度、方式、礼节等方面的知识，比如如何介绍自己、如何与他人交往等，这对大学生而言是走向社会的"通行证"，否则他们将"无礼而寸步难行"，甚至产生交往障碍。文明礼貌可以使个人在交际活动中充满自信、处变不惊，在尊重他人的同时也赢得他人的尊敬，从而使人与人之间的关系更趋融洽，使交往气氛更加愉快。

2. 培养尊重、宽容的良好交往品德

（1）尊重是大学生和谐人际关系的前提。

在美国社会心理学家马斯洛的需求层次理论中，尊重是人的五大基本需要之一，当这种需要不能被满足时，人们就会被强烈的动机所驱使去实现这种需要。大学生在交往过程中要保持平和的心态，不管交往对象地位高低，大学生都应坚守尊重原则，通过尊重他人使别人的自尊心得到满足，那么别人也会产生积极的情感，人际关系就会和谐。宽容是大学生和谐人际关系的"润滑剂"。一方面在人际交往发生摩擦和冲突的时候，大学生应该胸怀宽广、大度容人、克制忍让，勇于承担自己的责任，做到"宰相肚里能撑船""化干戈为玉帛"。另一方面要严于律己、宽以待人、求同存异、将心比心，经常换位思考、充分理解对方，做到"己所不欲，勿施于人"。

（2）尊重和宽容是人们良好合作的基础。

这对于当代大学生有着非常重要的现实意义，能引导他们正确处理竞争和合作的关系。当今社会人与人之间的竞争日益激烈，但同时随着社会分工的精细和工作内容智力化比重的增加对团队合作精神的要求也越来越高，竞争与合作成为现代人际关系中两种最常见的形式。时代要求个体既要有积极的竞争精神，又要有良好的合作态度。大学生在学习上、生活上、就业上充满了竞争，同时也在各种活动中存在着紧密的合作，决不能将竞争与合作对立，应该在合作基础上竞争，在竞争基础上合作。一方面，要积极培养"阳光竞争"意识，进行公开、公平、透明的竞争，在竞争中守法守德、在竞争中尊重和宽容对手、在竞争中讲风格讲合作，通过脚踏实地地学习和锻炼培养真才实学。另一方面，要培养良好的团队合作精神和与人共事的能力，成为符合时代要求的人才，只有这样才能拥有广阔的发展空间和施展才华的舞台。

3. 培养与人为善、仁爱的高尚品德

一些大学生道德心理不和谐，在与人交往时缺乏责任心和同情心，表现出道德淡漠和自私自利等问题，使人际交往变得冷漠、尖锐、矛盾丛生，严重制约了和谐人际关系的发展。事实证明，有必要在诚信、礼貌、尊重、宽容的基础上进一步培养大学生与人为善的品德，将仁爱精神传输到每个人的心中。有了仁爱精神，就会更多地替他人着想，乐于助人、团结互助，对朋友充满友爱、对家人充满关怀、对同事和领导充满尊重体谅、对陌生人充满文明礼貌，这样不仅能收获和谐愉快的人际关系，还将有助于形成道德人格的和谐，有助于树立积极健康的人生态度和正确的价值观。

仁爱在现代社会的具体要求是培养一种为人民服务的意识。为人民服务作为社会主义公民道德建设的核心，不仅对人际交往起到推动和升华的作用，而且关乎中华民族的传统美德与体现时代要求的新的道德观念的融合，关乎全国各族人民的团结和社会和谐的全局。为人民服务不只适用于党员、干部，而且应该推广到全体人民，可以通过不同层次、不同形式表现出来。对于很多先进模范来说，毫不利己、专门为人、见义勇为、舍己为人是为人民服务；对于领导干部来说顾全大局、先公后私、无私奉献是为人民服务；不管是公务员还是公司员工，爱岗敬业、办事公道、努力做好本职工作也是为人民服务；对于广大群众来说，遵纪守法、诚实劳动、获取正当利益，同样是为人民服务；而对于大学生来说，同学之间相互关心、爱护他人并给予他人力所能及的帮助，也是为人民服务。不管是在哪个层次、哪个岗位上，我们都能通过不同形式实践为人民服务的道德要求。以人为本，尊重人、理解人、爱护人，这就是为人民服务。只要我们恪守为人民服务这种意识，在与人交往中尽量做到替别人着想，使自己的行为能够给他人和社会带来有益的结果，就能给我们带来健康、良好的人际关系，使我们在体会到自我价值实现的快乐和满足的同时，也促进了整个社会的和谐和进步。

4. 培养大学生良好的网络交往品德

网络交往是当代大学生交往的重要形式。网络在为大学生提供更多交往平台的同时，也给大学生人际交往带来前所未有的挑战。网络交往的虚拟性和价值多元性的特点容易造成道德规范的弱化。道德规范和道德舆论在网络交往中无从施压，致使部分大学生自我约束力下降、道德自律感减弱，在网络交往中脏话连篇、污言秽语、欺骗成风，缺少起码的礼貌和尊重。这种状况不仅形成了网络交往障碍，而且容易降低大学生在现实生活中的道德自我期待，从而无法适应现实的人际交往，导致交往障碍。因此在建立网络道德规范的同时，应该通过系统的思想政治教育和网络道德教育积极培养大学生礼貌、诚信、尊重、宽容和仁爱的网络交往品德，促使大学生自觉树立网络自律意识、遵守网络文明公约，尊重和包容网络交往对象，用一颗真诚的心对待各种网络交往，这是确保大学生文明网络交往、解决大学生交往障碍的治本之策。

（二）交往认知的调适

在人际交往过程中，认知直接影响互动关系的性质和发展方向。认知的偏差在大学生人际交往中是比较常见的，大学生很多人际交往障碍都与不合理的交往认知方式有关。因此大学生人际交往中的认知心理卫生显得尤为重要，可以从以下几个方面来调适交往认知偏差：

1. 克服自我认知偏差

老子说"知人者智，自知者明"。人只有有了自知之明，才能准确地找到自己在人际交往中的定位，交往活动才能顺利开展。当代大学生的认知偏差主要是对自己缺乏正确的认识，或者自卑或者自负，都容易导致交往障碍。克服自我认知偏差，就必须打破自我封闭、开阔视野、拓展交往空间，依靠正确的参照系全方位、多角度地认识自我。认识自我可以通过两种方法：一种是纵向的自我比较，即以时间为纵坐标，比较不同时间点的自己；另一种是由美国社会心理学家费斯汀格提出的横向"社会比较过程"，即分析他人对自己的评价来认识自己，或者借助观察社会上与自己地位相似的人来认识自己。通过这两种比较方法可以帮助大学生更好地认识自身的优势和不足，找准自己在人际交往中的角色，克服交往障碍，不断完善自我，从而更好地处理人际关系。

2．调整对他人的认知偏差

对他人的认知应遵循由表及里、由浅入深、由感性到理性的认识规律，通过听其言、察其色、观其行等方式来推测他人的内心状态，做到客观、全面地认识他人。在大学生人际交往过程中要避免将第一印象绝对化，应该对他们做进一步的了解之后再做结论，同时要利用人们第一印象的思维惰性，注重自身仪表和言行，从而给对方留下良好的第一印象；避免晕轮效应产生的认知偏差，从多角度、多方面去了解人，客观地评价人；避免投射效应、刻板印象带来的情绪偏差，以良好的心态正确对待交往的对象。只有克服这些心理效应的负面影响，才能更好地认识交往对象，保证人际交往的质量和效果。

3．改变错误的认知方式

在人际交往中过分追求完美和理想化的认知方式，常常是大学生对人际关系不满的根源。改变这种错误的认知方式，大学生应进一步加深对马克思主义哲学的学习和理解，正确处理好理想与现实的关系。同时要积极增加生活阅历、拓宽人际交往，学会"弹性"思维，以适宜的标准要求自己和周围的人，对现实的人际交往给予合理的评价。

（三）交往性格的调适

大学生人格特质对人际交往能力具有较好的预测作用。这里的人格特征主要侧重于性格，他将其分为自我任性型、内敛趋中型、热情稳重型三种类型。通过数据分析得出，热情稳重型大学生人际交往能力相对较强，内敛趋中型大学生人际交往能力相对较弱，自我任性型大学生人际交往能力处于两者之间，并得出三种性格类型之间的显著差异，是他们人际交往能力显著差异的主要根源。由此可见，性格对人际交往的影响非常之大。良好的性格是大学生成功交往的重要因素，在人际交往中不仅拥有人际吸引力，而且能体验生活的乐趣、挖掘自我潜能，迈向成熟和成功。因此，大学生应该有意识地、积极地塑造有利于人际交往的良好性格。

1. 要认识自己的性格

很多社交高手并没有完美的性格特征，他们与多数人一样有着自己鲜明的性格特征，这些特征可能讨人喜欢，也可能惹人讨厌，但问题的关键在于他们认识自己的性格。苏格拉底说过哲学就是"认识自己"，只有对自己的性格有一个相对准确和客观的认识、对自己的性格特质类型有深刻的判断和了解，才能在人际交往中将性格的积极因素发挥到极致，而同时又能最大限度地降低和减少消极性格的负面影响，保证人际交往的成功。认识自己的性格可以通过三种途径：

（1）比较法

比较法是指通过与别人在处事方法、对人对事的态度、情感表达方式、相同情境下的不同反应等方面进行比较，"以人为镜"找出自己的性格特点。

（2）评价法

评价法是指通过分析别人对自己的评价来了解自己的性格特征，他人的评价比主观自省具有更大的客观性。但应注意对他人的评价要有认识上的完整性，不可偏听偏信，要恰如其分地认识自己。

（3）量表法

量表法是指运用一些比较科学的性格测验量表，从不同角度对自己的性格做出全面评定。

2. 要增强自己的性格魅力

性格魅力是指一个人在性格、道德品质、学识教养、为人处事等方面具有的能吸引人的力量，它实际上是一种使人喜爱、仰慕并渴望接近的个性特征。这些性格特征成为人际吸引的重要因素，极大地促进人际交往。根据黄希庭在全国多个高校调查所得的394份有效问卷分析得知：大学生所接纳的同性朋友所具有的特质是忠诚有为、乐群、内向、敏感、浪漫、独特、忠厚老成等，异性朋友所具有的特质是律己宽人、成熟豁达、自强、乐群、浪漫可爱、忠厚等。[①]大学生应该有意识地培养这些性格特征，增强自身的性格魅力，只有这样才能使人际交往稳定和深入。

3. 要克服自身性格的缺陷

通过认识自己的性格找到自身性格的不足之处，正视这些缺陷并努力克服它，不断追求性格的自我完善，这是决定人际交往成败的重要因素。因为性格的完美程度完全取决于性格中最弱的环节，这就是性格系统的"木桶效应"。破译性格系统的"木桶效应"，就是要洞察复杂性格的成因，替换性格中最不利的"短板"，努力将其变长一点。坚持从一点一滴做起、长期锻炼，针对不良性格加强训练，养成良好的行为习惯，好的性格特征也就自然形成了，人际交往也会变得越来越轻松愉快。

（四）交往技能的调适

大学生交往技能是指大学生与他人之间传递信息、交流思想、表达感情由此实现心灵沟通的技能。有些同学认为目前制约人际交往的最主要因素是缺乏交往技能。有很多同学由于交往技巧的欠缺、交往能力的不足，想表达友好却弄巧成拙，想帮助别人却适得其反，渴望与别人交往的愿望强烈却又不知所措。因此要建立良好的人际关系、克服交往障碍，大学生交往技能的培养亟待加强。学校应当积极开设人际交往方面的课程，使大学生通过系统的学习掌握人际交往的基本原则和技巧、把握调节不良情绪的技能，同时通过各种实践活动不断加强交往训练，提高大学生的交往能力。

1. 掌握人际交往的原则

人际交往过程需要一些原则，只有遵循这些原则才能保证人际交往在一个健

---

① 黄希庭，郑涌．当代中国大学生心理特点与教育[M]．上海：上海教育出版社，2001：172．

康、正常的轨道上循环，偏离了原则人际关系随时都会陷入僵局。人际交往原则包括三个方面：

（1）平等原则

有些同学认为平等是人际交往中最重要的因素。社会主义社会的人际交往应该坚持平等的原则，所以不管交往对象地位高低，大学生都应该与他人平等相处、不伤害他人的自尊心、不损害他人的利益，避免人际冲突。

（2）适度原则

所谓适度，就是指人际交往中一切行为要合乎分寸、恰到好处，要热情适度、距离适度、交往频率适度。不分对象、不分场合地过分热情或交往距离太近，有可能会使交往双方变得不自然，妨碍情感和信息的交流。交往频率过低，难以建立起亲密的人际关系，交往过频则需占用过多时间和精力，容易产生厌倦情绪。只有把握住适度原则，才能使人际交往健康、轻松地进行。

（3）互利原则

人际关系的变化与发展取决于双方需要的满足，即互利原则，也就是交往双方的互惠互利。有些同学认为互利性是人际交往中最重要的因素。如果双方在人际交往中都得到满足，那么交往就会继续发展；如果只有一方得到满足，交往就会中断。互利性越高，交往双方关系就越稳定、密切；互利性越低，交往双方的关系则越疏远。

2. 提高人际交往的技巧

建立良好的人际关系，除了掌握交往原则，还需要提高人际交往技巧。为了使更多的人享受到交往的愉快，在人际交往中轻松自如，应该注意把握以下五个交往技巧：

（1）塑造良好的自我形象

注重自我形象、给人留下良好的印象，是搞好人际关系的一项有效技巧。对于在人际交往中存在自卑、羞怯等障碍的同学来说，这一步尤为重要。自我形象包括内在形象和外在形象，内在形象包括人的性格、学识、才能、品质等，外在形象是指人的容貌、穿衣打扮、言谈举止等。大学生在人际交往中要注意使自己的内在形象和外在形象保持一致，不仅要力求衣着得体、端庄大方、气质优雅、注重礼仪，而且还要力求以真诚、友善、热情、诚恳的态度给人留下美好的印象，做到外在美与内在美的和谐一致，只有这样才能建立长远的人际关系。

（2）善于表达

大学生要学会运用准确的语言、恰当的内容、巧妙的组织方式、适时变化的语速和声调、适当的动作和表情来传递信息。准确的语言是指用词恰当，力求用清楚、简练、生动的语言表达出自己准确的意图；恰当的内容是指所讲的内容要掌握分寸，力图吸引别人；巧妙的方式是指说话要讲究方式，学会幽默；适时变化的语速和语调可以吸引听众的注意力；适当的肢体语言和表情将更好地帮助自己表达情感。具有语言障碍的同学应该加强这方面的训练，通过完美的表达不仅能更好地传情达意，还可以活跃交往气氛，增加人际魅力。

（3）学会赞美

赞美能释放一个人身上的能量，调动一个人的积极性。大学生应该学会赞美别人，尤其对于那些在人际交往中具有嫉妒障碍的同学，适时的赞美可以增进彼此的吸引力，是增进彼此亲密情感的"催化剂"，同时还能起到鼓励的作用。

（4）善于倾听

善于倾听是促进人际交往的有效法宝，事实证明大多数人都对那些愿意听他讲话的人怀有好感。善于倾听的人与对方的沟通效果更好，更容易使交往愉快进行。所以大学生要学会有效的倾听，尤其是有点自负的同学更应让交往对象多说话，不要贸然打断对方的话题，更不能做失礼的动作，要积极地作出回应。

（5）学会移情

移情是站在别人的立场上看问题，体谅别人的态度和感情。人际交往中的移情，不仅是一种美德，更是一种能力。用别人的角度看问题，设身处地地体验对方的感受，更容易了解对方的需求，更容易与对方产生共鸣，保证我们更好地认识问题、赢得朋友。

3．把握调节不良情绪的技能

在人际交往中，情绪起到十分重要的作用。积极的情绪（如热情、快乐、亲切等）能使人在交往中感到心境轻松、神清气爽，有利于增进双方的友好交往；而消极的情绪（如急躁、愤怒、冷漠等）会使人感到神经紧张、精神压抑，这种不愉快的体验会阻碍人际沟通。大学生正处于青少年时期，心理上正经历着急剧的变化，容易激动、发怒、苦闷，起伏波动的情绪容易成为人际交往的一大障碍。如果不及时调节，不仅会导致交往障碍，而且会增加大学生的心理负担，甚至导致心理疾病。所以，大学生要客观、理智地看待自己的情绪，掌握控制和调节不良情绪的技能，可以采取以下几种办法：

（1）积极转移法

当人们出现不良情绪时，头脑中只有一个兴奋点，总是放在心上，扔不开、丢不下。这时，应该避开引起不良情绪的场所和人物，另外建立一个新的兴奋点，采取积极转移的方法把情绪转移到别的事情上去。比如可以积极努力工作让自己忙碌起来、听听音乐让自己放松起来、参加体育运动让自己活动起来、看场电影让视野开阔起来等，这些方法都可以有效地缓解不良情绪、转移注意力，从而排除不良情绪对大学生人际交往的消极影响。

（2）合理宣泄法

有了不良情绪，内心就会积聚很大的能量，如果不能及时释放，就会引起内心急剧痛苦和压抑。这时要学会合理宣泄，可以找个无人的地方大喊一阵或者痛哭一场、做一些剧烈运动，也可以找朋友倾诉或者写日记梳理思路，还可以到学校的心理咨询室请心理老师帮助宣泄。在宣泄过程中一定要讲究方式、方法，不能不分场合、不计后果、影响到别人，这样可能会给人际交往带来更多的麻烦。

（3）理智化解法

不良情绪很多是由于生活中的不利境遇或者对情况缺乏正确认识而引起的，这时就要利用理智化解法。化解法是东方人生观的精华之一，把挫折、不如意看作生活的一部分，通过自我反省和充分理解他人冷静地思考、理智地分析，使消极情绪自行消失。要培养自己理性的思维方式。精神分析学家弗洛伊德认为，人的非理性一面是我们极不愿正视但又无法摆脱的一面，当人们以某种非理性的思维和信念去认识世界时，无法排解的心理或情绪上的困扰就会随之产生。不良情绪的理智消除，首先要承认其存在，只有认为这种情绪是不良的，才能有消除的动力。其次要寻找不良情绪产生的根源，通过理性分析弄清事实真相。最后要运用正确的方法和途径来解决，用积极的态度去调节不良情绪，这样才能彻底消除烦恼，更好地促进人际交往。

4. 加强人际交往的训练

人际交往训练有助于改善被训练者的主观感受，对人际交往产生积极的期待。通过人际交往团体心理训练，对大学生人际交往的社交回避与苦恼、交流恐惧、羞怯等能够产生积极的改善作用。人际交往的训练，对于大学生矫正交往障碍、提高交往能力起到显著的作用，尤其是团体交往训练这种寓教于乐的形式非常受学生的欢迎。有些同学希望高校通过开展人际交往训练来促进大学生人际交往。

团体交往训练是借用社会工作的小组工作方法，其对象是团体中的个人，在人为创设的类似真实的团体交往情境中，通过团体过程及团体工作者的协助，获得解决人际问题、改善人际关系和实现和谐交往的能力，达到实现调适自我、适应社会的目的。团体交往训练围绕着"认知改变—情绪调整—技能训练"展开，采用讨论法、角色扮演法和行为训练法，常见的形式主要包括认识自我与优化形象训练、信任与接纳训练、归属与合作训练、管理情绪训练、放松训练、社交仪表和技巧训练等。目前比较常见的活动包括"盲行"、自画像、聆听的练习、保持默契的练习、角色扮演、"目光炯炯""优点大轰炸""秘密大会串"、和同理心练习等。团体交往训练兼具教育性和娱乐性，既能起到放松、愉悦身心的作用，又能提供交往、协作的机会，同时还能起到治疗和发展的功能。因此，大学生尤其是具有交往障碍的同学应该积极参加这种团体交往训练，在训练中自觉调适交往障碍、提高交往能力、培养团队合作的意识，成为一个善于交往、乐于交往的人。

第四节　大学生交往障碍调适的途径

大学阶段是大学生个性品质形成和心理发展的重要阶段，大学校园是大学生人际交往的主要舞台，在提高大学生交往能力方面有许多有利条件：大学生处于思维比较活跃、情感日益丰富的时期，有强烈的交往欲望；大学阶段比起中学阶段学习压力相对较小、时间相对较宽裕，也有充沛的精力去实践人际交往；大学阶段交际资源丰富，各类丰富的社团和实践活动为大学生提供了更多交往机会。因此，大学阶段成为及时引导大学生克服交往障碍、提高交往能力的最佳时期。根据高校教育现实和大学生基本特点，提高交往能力具体可以通过以下五个途径着手：

一、充分利用课堂教学

充分利用课堂教学，培养大学生成功交往的品质。课堂教学是系统学习和训练人际交往的良好途径。思想政治理论课、通识教育课与专业课有机结合，不仅可以丰富大学生的人际交往知识，而且能给大学生提供人际交往的训练机会，潜移默化地提高人际交往能力。

思想政治理论课教学作为高校大学生思想政治教育的主渠道，在培养大学生的理想信念，引导大学生树立正确交往观念和交往品德等方面发挥了重要的作用。高校通过系统讲授马列主义理论、大力宣传社会主义核心价值体系，引导大学生逐步培养科学的人生观、价值观，在人际交往中树立科学的价值观念和价值评价体系，克服不良思潮的影响，同时积极提高大学生的个人修养、培养良好的交往品德，保证人际交往顺利进行。只有充分利用思想政治理论课的阵地，才能从根本上、较系统地开展人际交往教育，培养大学生成功交往的品质。

另外，有些同学认为高校应该通过讲授人际交往知识来促进人际交往。通过开展通识教育课程比如礼仪课、人际交往课等选修课从理论上给大学生交往提供一些指导，使他们掌握基本的、比较系统的社交礼仪和人际交往方面的知识、技能。同时在课堂上设计具有吸引力和时效性的教学内容，通过案例讨论、角色扮演等有效教学方法和手段，给学生提供人际交往的舞台。加强大学生礼仪教育，包括仪态仪表礼仪、见面礼仪、日常交际礼仪、公共礼仪、学校礼仪、公务礼仪等，提高大学生的礼仪修养，养成良好的礼仪习惯，具备新时代大学生必需的基本文明修养。增加人际交往知识的教育，具体内容包括人际交往的意义、人际交往的艺术、人际交往的心理机制、人际交往障碍、人际冲突的原因及应对策略等相关知识，通过系统学习掌握人际交往的基本原则、克服交往障碍、缓解交往压力，从而提高人际认知和交往能力。

同时还应该注意，将人际交往教育渗透到各专业课教学中去。专业课教师在教学中要善于抓住时机，利用学科特点、结合教学内容、充分挖掘专业教学内容中有利于塑造大学生人际交往品质的资源，丰富人际交往教育内容，寓典型人物、事件、名言警句、传统美德等于课堂教学之中，提高人际交往教育的实效性。

二、充分发挥党团及社团组织的作用

充分发挥党团及社团组织的作用，为大学生搭建更多交往平台。大学生的人际交往应该是丰富多彩的，但目前仍有一些同学仅仅局限在一个很小的交往圈子、缺乏足够的锻炼，有些同学认为高校应在多创造大学生交往的机会方面努力。高校应该充分发挥党团组织和社团组织的作用，为大学生搭建更多交往平台，鼓励大学生们走出宿舍和班级。

大学生人际关系问题是高校思想政治教育工作的一项重要内容，高校思想政治教育工作的重要阵地是党团组织，因此党团组织在解决大学生人际关系问题中发挥着巨大作用。辅导员、团总支书记和分管学生工作的党支部副书记是大学生学习、生活、交往管理的最直接参与者，对于构建大学生和谐人际关系起到至关重要的桥梁和纽带作用。高校应该充分发挥党团组织的政治优势和组织优势，一方面引导学生树立为人民服务的思想，提高大学生道德水平，培养正确处理各种关系的能力，努力在大学生群体中形成和谐健康的人际关系；另一方面通过组织健康向上、丰富多彩的活动，拓展大学生交往平台，培养团队合作精神和社会责任感，提高人际交往能力，促进大学生和谐人际交往。

社团组织是大学生以共同的理想、相同的爱好为动机，为了实现自身的需要而结合的非正式团体。社团活动都是学生从自己的兴趣出发，结合学习、生活的实际自发组织的活动，参与积极性一般都很高，因此高校应该大力加强和积极引导大学生的社团组织建设。通过开展丰富多彩的社团活动为大学生的人际交往和情感交流提供良好的契机和平台，帮助一些性格内向的同学走出"自我封闭"，克服人际交往障碍。同时使学生能通过活动展示自我，增进同学之间的相互了解，交到志同道合的朋友，培养各种社交技巧和技能，满足大学生追求和谐人际关系的愿望。

三、加强校园文化建设并丰富校园文化活动

加强校园文化建设并丰富校园文化活动，营造大学生交往的和谐环境。校园文化是指学校所具有的特定精神的环境和文化氛围，是学校在教育过程中所形成的各种文化形态的总和，具体包括物态文化、制度文化、活动文化、心理文化等文化形态。校园文化作为大学生自我管理、自我教育、自我服务的重要阵地，对于培养大学生的兴趣、陶冶大学生的情操、塑造大学生健全人格、营造大学生交往的和谐环境起到至关重要的作用。

要营造一个和谐的、有利于人际交往的校园文化，首先要加强校园文化建设，美化校园环境。英国女作家乔治·爱略特曾经说过，"就所有的生物而言，即使最强烈的内在本质，在很大程度上也是由其所处的外部环境而造成的。"心理学研究表明，宁静、优雅、树木葱郁、花草芳香的环境可以减少人的激动情绪和人与人之间的摩擦，也能缓和人的精神紧张，释放人压抑的心情，还能在不知不觉中使人由感观而动情，由动情而移性。所以校园必须加强绿化、保持整洁，通过建设一个赏心悦目的校园环境来陶冶大学生的美好情感，为人际交往营造一种和谐、高雅的氛围。同时校园建筑要布局合理、独具特色，要有一种思想和理念融入其中，以人文环境为底蕴，促进人际交往。在加强校园硬件建设的同时也要加强校规、校纪建设。通过规范大学生行为，培养大学生守时、守信、文明礼貌的良好习惯，确保大学生在人际交往中的基本品质。另外，要丰富校园文化活动。通过开展丰富多彩的活动，如报告会、演讲会、辩论会、体育节、艺术节等在一定程度上弥补课堂教学在育人方面的不足，为大学生创造良好的人际交往舞台，让学生广泛参与交往、增加情感交流的机会，既能充分享受到人际交往的快乐，又能在人际交往的实践中不断完善自我。

四、重视心理健康教育和心理咨询工作

重视心理健康教育和心理咨询工作，预防、矫正大学生交往障碍。近年来因为人际关系失调导致的大学生心理问题越来越多，大学生交往障碍也主要是心理障碍，已经引起学校和社会的广泛关注。当前亟待解决的问题就是健全交往心理健康教育与心理咨询机制，增长学生的心理学知识，提高自我调适能力，从而更好地促进人际交往活动。

健全心理健康教育，首先应当坚持课堂教学与校园文化活动相结合，多渠道多层面地开展大学生心理健康知识的教育和宣传。高校应该积极开设心理健康教育课程，并将其作为一门必修课，纳入教学计划之中。通过课堂教学使大学生掌握系统、全面的心理学知识，提高自己的心理素质。同时将心理健康知识的宣传教育融入校园文化。通过开展"心理月"或者"心理健康周"专题、举办心理健康讲座、放映心理电影等活动来普及心理健康知识，帮助大学生提高心理健康水平，预防心理障碍，保证正常的人际交往。此外，还要坚持定期开展大学生心理健康普查。通过心理测评进一步建立、健全大学生心理档案，加强对有心理问题的学生进行监控和干预，避免出现严重后果。

心理咨询是指运用有关心理科学的理论知识和技术，通过语言、文字等媒介解除咨询对象的心理问题来维护和增进身心健康，促进个性发展和潜能开发的方法。有些同学希望高校能加强大学生交往心理咨询。高校应当重视心理咨询工作，通过对学生的专业心理辅导可以及时发现他们在人际交往方面存在的问题，进而可以通过各种方式帮助他们改变错误认知、消除不良情绪、塑造健康人格，克服交往障碍，避免和减少对心理健康产生不利影响的各种因素。健全心理咨询机制，帮助大学生预防、矫正交往障碍，首先应提高大学生心理咨询教师的专业素质，除了要具备良好的心理品质、系统的心理咨询知识与技巧、较强的沟通能力等基本素质以外，还应当对当前大学生人际交往现状有较深入的了解。其次，学校最好能设立专门针对大学生人际交往问题的心理咨询室或咨询中心，帮助大学生解决人际交往方面的困惑。此外，还应该建立和完善高校网络心理咨询室，在心理

咨询网站上开设人际交往的版块，利用电子邮件、BBS、QQ、微信、抖音、MSN等多种载体进行心理辅导，帮助大学生纠正不良的交往心态，矫正人际交往中的心理障碍。

五、建立大学生交往危机干预机制

建立大学生交往危机干预机制，调动各方面力量积极参与。面向全体同学的人际交往教育，对于培养大学生科学的交往观念和良好的交往品质起了重要作用。但是当面对具体的人际交往问题，尤其是人际冲突、交往危机时，它就显得苍白无力了。这时就需要建立大学生交往危机干预机制，以此来增强解决大学生交往问题的针对性和时效性，可以说是人际交往中进行思想政治教育的重要保障措施。

大学生交往危机往往会以个体在交往中的不良心理状态或者人际冲突的形式表现出来，如果不能及时、有效地解决，就会给交往个体、学校和社会带来危害，甚至产生极大的破坏作用。要尽量避免这种情况的发生，必须依赖大学生交往危机干预机制的预警作用，及时发现和识别潜在的交往危机因素，有针对性地采取防范措施，防患于未然、将危机解决在萌芽中。但是有些人际交往问题是比较隐蔽的，不容易提前发现，往往当矛盾激化到一定程度后才能觉察，这种问题一旦发现往往会引起严重的后果。这时，必须要依靠大学生交往危机干预机制的及时干预，建立突出问题档案、跟踪教育，通过细致的思想工作将危机和矛盾化解到最小化。

大学生交往危机干预机制的建立，离不开专职心理人员，更要充分调动各方面的积极性。首先要调动学生的自觉性、主动性和积极性，建立大学生交往互助小组，这是班级、寝室交往危机的第一道防线。大学生长期生活在一起，同学的心理与行为的细微变化他们最容易察觉，这使得在第一时间预警危机、干预危机成为可能。一些常见的、不严重的交往问题，通过大学生交往互助活动，大多数也能得到有效解决，严重的交往障碍和危机也能由交往互助成员及时上报，使辅导员和专业人员能及时了解情况、进行干预，保证危机干预的时效性。其次，要充分利用高校思想政治工作的优势，加强师生交流，及时捕捉学生人际交往信息。

思想政治工作历来是我党和高校工作的一个优良传统，通过细致的谈心活动可以全面掌握学生的信息，特别是觉察学生交往问题的苗头，及时进行教育引导、防微杜渐。同时谈心过程本身也是一个心理疏导的过程，学生通过跟老师的交流受到启发，增强自身解决问题的能力与信心，也能促进人际交往障碍的矫正。

第六章 人际交往艺术与大学生礼仪培养

第一节 人际交往中社交礼仪的基本内容

所谓社交礼仪，是指在一定社会交往场合内，人们的行为准则和交往规范。具体来说，就是指交往的双方或多方借助语言、仪表、仪容、仪态、表情、举止动作等形式，向交往对象表示重视、尊重、敬意和友好，塑造自身真、善、美的交际形象。"礼"是在一定社会形态下的社会规范和道德规范，即人们通常所说的礼貌；"仪"是社会人际交往的外观形象和行为规范。恰当的礼仪可以表现自己诚恳善意、平和文明的素养，从而在人际交往中形成和谐良好的人际氛围。

一、社交礼仪与人际交往的关系

社交礼仪产生的直接动力是社会文明的进步，是交际主体的社会需要。交际是人类实践活动的重要组成部分，反映人类共有的最基本的心理需要。这些需要包括交流知识和信息的需要、寻求理解和友谊的需要、塑造自身形象的需要。社会交往的需要使人们通过讲究社交礼仪，使个人与同事、同伴保持良好的和谐关系，得到友谊、忠诚、合作等，并使个人被群体所接纳，关心和帮助别人，同时得到别人的关心和帮助。尊重的需要使人们通过讲究社交礼仪，使个人的人格、能力、才华、业绩、成就、形象得到社会的承认、欣赏，进而逐步拥有一定的社会地位和声誉，并由此产生自信心和威望感，体验到自身存在的价值。

在现实生活中，各种关系的交往需要以社交礼仪去规范。良好的礼仪规范可以确保各类交往活动的顺利进行并丰富社交礼仪的内容。社交礼仪离不开社会生活，它是为人际交往服务的。只有通过人际交往，社交礼仪中的道德规范及行为规范才得以施用。人们只有在人际交往中，讲礼仪、懂礼貌、知礼节，才能在尊重对方的基础上，得到别人的尊重和友好；才能在人际间形成和谐、良好、积极向上的人际关系氛围，从而使人类文明得到发扬和升华。

二、社交礼仪在人际交往中的功能

信息交流、传递是知识经济时代的显著特征。交往过程是信息双向交流传递的互动过程。社交礼仪首先传递交往中个体自身形象的外在信息。交际伊始，见面问候、行礼、介绍、致意、言欢、告别等都有诸多礼仪。你的穿着打扮、说话时的态度、宴会的礼节、交往场合的举止所传递有关你的各种信息，无不影响你给别人留下的印象，这也是别人在"读你"。在社交场合中，人们的一颦一笑、一言一行都在给自己的形象添画各种线条、涂抹各种色彩。在社交场合中，首先要注意服饰礼仪，穿着打扮应当与相应的时间、场合、身份、职业等相一致。

感情是维系人们相互关系的黏合剂。交往中，人们常常有意无意地根据他人对自己的礼遇来分析和判定这其中折射出的对方的感情意向，产生一定的情感体验。由社交礼仪产生的情感体验主要表现为两种情感状态：一是情感共鸣。当交往双方对所交流的信息有相同的情感体验，交往对象感情符合自己的心理趋向，彼此之间感到是互相尊重的时候，就产生了情感共鸣。在交往最初的印象中，如果一方或双方都注重仪表整洁、仪态端庄、举止文雅、言语文明，就会产生良好的"人际气候"，使交往双方互相吸引，促进良好、和谐的人际关系的建立和发展。二是情感排斥。与情感共鸣状态的表现相反，如果交往一方衣冠不整、精神不振、举止粗俗、傲慢无礼，就可能导致情感排斥，被对方视为骄傲自负、缺乏教养，从而对你产生反感，形成排斥，拒绝交往。美德是精神上的一种宝藏，但使之生辉的是良好的礼仪修养。正所谓"文雅客来勤"，以礼相交，久而敬之。

社交礼仪在人际交往中的功能具体如下：

（一）常规功能

交往艺术的常规功能即在一般情况下，交往艺术所能发挥的作用。概括来说，交往艺术的常规功能就是"内强素质、外塑形象"。

1．内强素质

所谓内强素质，即交往艺术对于个人的发展而言，能够提高个人的综合素质。一个理解并掌握了一定的交往艺术的人就是一个具有一定素质的人；而要成为一个有素质的人，就必须理解并掌握一定的交往艺术。

（1）有素质的人是遵纪守法的人。

一个有素质的人必须是一个遵纪守法的人。这里的"纪"和"法"，不仅包括我们通常所说的规章制度和法律条文，还包括在人类社会发展过程中逐渐形成的道德法律和风俗习惯。简而言之，就是用以规范人们的行为的一系列成文与不成文的准则。

遵守一定的交往艺术实际上就是遵守一定的行为准则，也就是有素质的体现。例如，"女士优先"是源自欧美国家的一条基本行为准则。在社交场合，男士在与女士交往时应当遵守这条交往准则。男士应当在进出门厅时让女士先行，且为其开门和引路；在公共汽车上，男士应当为女士让座；在危急关头，男士应当挺身而出，像《泰坦尼克号》中英勇的男主人公一样把生存的机会留给女士，而自己则去承担危险、克服困难。

（2）有素质的人是尊重他人的人。

一个有素质的人应当在各种公众场合表现出彬彬有礼、尊重他人的形象。交往艺术的核心在于向交往对象表达自己的尊重和敬意。例如，在待人接物中，"坐，请坐，请上座""茶，上茶，上好茶"是一条耳熟能详的交往规则。这条规则的根本目的就在于向交往对象表达自己的尊重之意。与人交往时，熟练运用这些规则就是善于表达尊重之意的具体体现，也就是有素质的具体体现。

（3）有素质的人是对地域文化了解的人。

一个有素质的人应当对各个国家或地区的文化背景有一定的了解，对各个民族宗教的风俗习惯有一定的认识。而交往艺术作为交往的规则，正是各个国家地区、各个民族宗教的文化背景与风俗习惯的体现。交往艺术也正是在此基础上逐步形成和确立的。因此，能够掌握一定交往艺术的人必然会对各个国家、地区、民族和宗教的相关知识有一定的了解，因而也称得上是一位有素质的人。例如，在交往中，我们应将各种宗教的饮食禁忌牢记在心，否则就有可能引发小规模的"民族纠纷"。如伊斯兰教教徒不吃猪肉、印度教教徒不吃牛肉等。如果我们不了解这些规定，甚至把这些规定张冠李戴，交往就难以为继。只有那些有素质、有知识的人才能把这些规则掌握在心并且熟练运用。

2. 外塑形象

所谓外塑形象，是指一个掌握了一定交往艺术的人，能够为自己和所在单位或组织树立起良好的形象。形象分为两类：

（1）主观的形象。

个人的形象是他人对此人的整体印象与评价。通常说一个人"精干""漂亮"或者"奸诈""愚蠢"，就是对人形象的评价。组织的形象是他人对该组织的整体印象和评价。评论某个单位"效益好""有发展前途"等，就是这个单位在人们心目中的形象。

（2）客观的形象。

正如爱因斯坦所言，最终的形象来自事实。尽管人们可以通过某种欺骗的手段暂时蒙蔽别人的眼睛，但事实终归是事实，个人或组织的真实形象最终将决定其真正的形象。

对于个人而言，构成其形象的事实基础既有外在因素，又有内在因素。交往艺术作为一种规范，外在地显露于个人的言谈举止、待人接物中。而个人是否掌握和运用了这些规范又体现出了此人的内在素质。因此，交往艺术既是构成个人形象事实基础的外在因素，又是其内在因素。

对于一个组织来说，构成其形象的事实基础既有该组织的整体运行情况，也有该组织成员的整体素质。而组织成员的整体素质是由各个成员的个人素质所决定的。组织成员与他人因公交往时，代表的不仅是个人的形象，还代表着组织的形象。因此，个人在交往中能否遵守交往艺术进而体现个人素质，直接塑造着组织的形象。

而当一个组织与另一个组织进行团体之间的交往时，不仅需要组织成员遵守一定的交往规范，而且还需要代表团体也遵守一定的团体交往规则，这也是交往艺术所包含的具体内容。从这一角度看，遵守交往艺术同样能"外塑形象"。例如，两个代表团见面时，要进行相互之间的介绍、握手和分发名片的过程。与两人之间的交往相比，团体之间的交往显然更复杂。要使交往顺利进行，就必须掌握一定的团体交往艺术、遵守一定的团体交往规则。比如，在介绍时，要按职位高低依次向对方介绍等。

（二）特殊功能

交往艺术的特殊功能即减灾效应，能使我们在交往中尽量避免犯错误和因交往失误而带来的过失。减灾效应其实并不少见。我们在工作和生活中进行的交往经常是一种普通的交际，与个人的收益以及单位的效益并无直接关系。在这种情况下，我们做得再好，也没有额外的奖励。但是如果我们在交往中犯了错，我们的既得利益或其他好处就有可能"打水漂"或者"缩水"。

例如，南方某经营困难的纺织公司迎来了一位重要的外商。如果双方能达成合作意向，该公司就会扭亏为盈。因此，该公司花了将近两个月的时间准备合作事宜，制订了翔实的合作计划。外商来之后对该公司的合作计划相当满意，在经过一天的谈判后初步达成了合作意向，并决定于第二天举行签约仪式。可没想到，第二天签约之前，那位外商突然临时改变了主意，严肃地表示要再考虑，并于当天下午不辞而别。该公司员工在大失所望之下纷纷表示纳闷，怎么这么快就变了主意？经过详细调查，才发现事出有因。原来，那位外商为了对该公司进行进一步的实地考察，决定于谈判结束的当晚住在该公司的招待所内。结果发现招待所的公共卫生间居然臭气熏天，人们连"便后冲水"的习惯也没有，也不见有清洁工进行打扫。在外商看来，一个公司连自己的内部卫生都没做好，可见其管理之差，也可见公司员工的素质之低。这样的公司是没有什么发展前途可言的，与这样的公司进行合作，显然也不会有长久的发展。于是，外商决定撤退。这就是交往艺术中减灾效应的具体表现。尽管该公司在谈判中获得了对方的信任，但在接待工作上的失误却直接导致了交往的失败。试想，如果该公司能够注意更多的细节问题，又怎会发生这样遗憾的事情呢？

要发挥交往艺术的减灾效应，关键就是要把握对方的具体情况。因为什么是可能发生的"灾"，对于每个人来说都是不一样的。它涉及个人的民族归属、宗教信仰、生活习惯等，这些都是人际交往的雷池，一旦触及，就有可能造成损失。因此，我们必须进行减灾的预防工作。

【案例1】

"小处不可随便"是中国人自古以来的一条处世原则。不光是中国，外国人也有与此类似的观念。

针眼大的窟窿斗大的风，小处随便的人往往不受欢迎，在某些特殊的场合甚至会造成致命的后果。例如，1786年，法国国王路易十六的王后玛丽·安东尼到巴黎戏剧院看戏，全场起立鼓掌。放荡不羁的法国公爵奥古斯丁为了引起王后的注意，面向王后吹了两声很响的口哨。当时吹口哨被视为严重的调戏行为，国王大怒，把奥古斯丁投入监狱。而奥古斯丁入狱后似乎就被世人遗忘了，既不审讯，也不判刑，就日复一日地关着。后因时局变化，也曾有过再次出狱的机会，但阴差阳错，终究还是无人问津。直到1863年，老态龙钟的奥古斯丁才被释放。

与此相反，一滴水可以折射太阳的光辉，小处端正的人往往能取得人们的信任。法国有位银行大王，名字叫恰科。但他年轻时并不顺利，52次应聘均遭拒绝。第53次他又来到了那家最好的银行，礼貌地说完再见，转过身，低头往外走去。忽然，他看见地上有一枚大头针，横在离门口不远的地方。他知道大头针虽小，但也有可能对人造成伤害，就弯腰把它捡了起来。第二天，他出乎意料地接到了这家银行的录用通知书。原来，他捡大头针的行为被该行的董事长看见了。从这个不经意的小动作中，董事长发现了他品格中的闪光点。于是，董事长改变了主意决定聘用他。恰科也因此得到了施展才华的机会，走向了成功之路。

三、社交礼仪在人际交往中的作用

（一）社交礼仪是道德的示范和文明的标志

礼仪是道德的一种示范，代表着社会道德观念和文明程度。在文明社会，人际交往都以礼仪作规则，礼仪渗透社会生活始终，指导着交往行为。比如在家庭成员之间，少敬长、长爱幼、夫妻相敬，这是礼仪的道德观念所形成的天伦之乐。

在公共社交场合，与人交往应待人以礼、与人为善、时时事事不忘礼节。用社交礼仪调整社会生活、和谐人际关系。不论在何种社会，注重社交礼仪都是社会文明进步的标志，是维护人们尊严和社会道德面貌的规范。保持举止得体、谈吐优雅的状态，使文明智慧的气息、伦理道德的氛围得到强化，从而有益于保持人际交往关系的纯洁性，有助于人类文明的进步。

（二）社交礼仪是社会交往中行为的标准和规范

通过评价、劝说、示范等教育形式纠正人们不良的行为习惯。倡导人们用礼仪规范的要求去协调人际关系，维护社会的正常生活。在中国古代，人们在交往中就十分重视礼仪，强调礼仪的约束行为，如"来而不往非礼也"。古人强调礼仪行为要适当，不过分、不过度，雅而不俗，淡而不腻，所谓"君子之交淡如水"。掌握适度分寸才是标准的礼仪行为规范，进而影响整个社会习俗。为此，应尽可能熟悉地掌握社交礼仪，严格用符合多数人意愿的礼仪规范约束自己的行为，使自己在交往对象心目中保持良好的形象。

（三）社交礼仪是人际交往中沟通和发展的必要条件

社交礼仪是人际交往的润滑剂，是沟通和发展的必要条件。社会交际是人们相互接触，加深了解，沟通意见的一种最常见的行为方式。人际交往第一个见面礼仪是握手问好，面带微笑，彼此从眼神传递诚意，此即构成人际交往的首要礼仪条件。

（四）社交礼仪是人际关系和谐发展的调节器

社交礼仪是推动和促进人际关系顺利发展的助燃剂。懂礼仪才会赢得尊重，才能沟通感情。社会交往中，"礼多人不怪"，朋友之间不能没有礼仪；家庭关系中，"礼多人融洽"，夫妻、长幼之间不能忽视礼仪；工作关系中，"礼尽人舒畅"，上下级之间不能没有礼仪。人际关系失调时，恰当地运用社交礼仪可以缓和彼此之间的关系，缩短人与人之间的距离，从而使人际关系得以改善。

总之，社交礼仪对人际交往有重要作用。良好的社交礼仪有益于信息交流，有利于与他人建立良好的人际关系，形成和谐的心理氛围。社交礼仪教育有利于促进人类社会化，提高社会心理承受力。

礼仪是一种社会规范，是调整社会生活成员在社会中相互关系的行为准则。丰富礼仪知识，掌握符合社会主义道德要求的礼仪规范，真正做到"诚于中而行于外，慧于心而秀于言"，把内在的道德品质和外在的礼仪形式有机地统一起来，成为有较高道德素质的现代文明人。

第二节　人际交往中的交往艺术原则与特征

一、人际交往中交往艺术的基本内容

所谓社交礼仪与人际交往的基本内容，是指人们在交往中尤其应当注意的、对沟通成功与否起到关键作用的内容。一般而言，社交礼仪与人际交往的基本内容有形象设计与沟通技巧。

（一）形象设计

在交往中，对自己进行必要的、适当的形象设计是十分重要的环节。所谓形象设计，是指对自己的仪表、服装、饰物等进行恰到好处的选择和修饰，使之符合自己的体表特征和身份要求。不同的人在不同的场合，与不同的交往对象进行交往时，对自己的形象设计也是不尽相同的。我们应当学会具体问题具体分析。但总的来讲，形象设计是有一定的规律可循的。例如，女士在参加宴会时往往要选择一些首饰佩戴。如果希望在交往中给他人留下一个较好的印象，就应当遵守佩戴首饰的一项基本规则——同质同色，即所佩戴的首饰在质地上要相似，在颜色上要相近，给人以协调的感觉。另一项基本规则是"饰不过三"，即女士全身所佩戴的首饰种类不应当超过三件，否则就显得过于笨重、肤浅。

形象设计不仅要求人们在穿着打扮上"有所为"，以体现自己的美，同时也要求"有所不为"，避免自己的设计有违常规。再如，扬长避短是服饰艺术的重要规则。女士的纤纤玉指配上一枚精致的戒指，无疑会给人以美的享受。但有的女士手指长得并不好看，因此佩戴戒指时就不适宜选择那些引人注目的、标新立异的戒指。

（二）沟通技巧

沟通技巧之所以重要，就在于它往往能使人在不动声色中赢得交往对象的信任，与对方达到沟通的目的。因此，我们往往把技巧称为"待人接物之道"。"道"，既意味着掌握这些技巧有一定的难度，需要在日常交往中不断积累，同时也意味着这些技巧的重要性，掌握了这些技巧，交往就会顺利进行。沟通技巧具体表现在以下两方面：

1. 沟通技巧更多地体现在谈话之中

我们往往习惯于见面后问一些私人问题，认为这是拉近距离的方式。例如，您一个月的收入是多少？您多大了？您结婚了吗？殊不知，这些问题在外国人看来都是个人隐私，不能随意询问，尤其是在双方初次见面或者彼此不是很了解的时候。否则，就会被看成是对对方隐私权的严重侵犯。随着社会的发展和国际交往的不断扩大，人们越来越讲究对个人隐私的保护。因此，在交往中，我们应当把握沟通的尺度与技巧，以免让对方陷入尴尬或不悦之中。

2. 沟通技巧体现在人们的举止中

例如，当你与交往对象共同乘坐电梯时，应当谦恭地让对方先进先出，并以手势略作指引状，说"请"字。尽管对方可能也会如此谦恭，最终谁承受此礼也不一定，但这样的举止是必要的，它能自然地表现出你的礼貌与教养以及你对对方的尊重。

沟通技巧还体现在人们对一些特定交往规则的理解上。成功的交往有赖于交往双方对一些规则的理解和共识。例如，车上不同的位次的尊卑排列是不同的。如果你负责接待某位乘车前来的素未谋面的贵宾，你就应当对车位的尊卑排列有一定的了解。在贵宾到来后，能根据车上的人不同的座位来判断谁是贵宾，谁是陪同人员。

二、人际交往中交往艺术的基本原则

交往艺术是一个复杂的课题，在不同场合针对不同的交往对象，应对不同的问题时，我们都要遵守具体的交往艺术原则。如果按照情景学习交往艺术，往往事倍功半。因此，我们必须首先学会交往艺术的一些基本原则。这些基本原则实际上是根据交往实践所总结出来的，具有普适性。了解并熟练掌握这些基本原则，我们就能够在实际交往中举一反三，从容应对各种实际情况，解决各种交往问题，使交往顺利进行。

（一）双向沟通原则

双向沟通原则是交往艺术中最基本的原则之一。所谓双向沟通，是指在交往中，交往双方应当进行积极的沟通，分别对对方有一定必要的了解。双向沟通原则主张以相互了解作为双方交往的基本前提，认为离开相互了解，交往将困难重重。

对交往对象的了解包括对交往对象身份、职业、性格的了解，也包括对交往对象需求的了解。这里的需求既包括人的一般需求，如衣、食、住、行等，也包括一些特殊需求，例如，在交往中对环境的一些要求，喝咖啡时对放糖量的要求等。要使交往顺利进行，就应当对交往对象的这些需求有所了解和准备。例如，当双方的交谈进行到一定程度，你还意犹未尽时，对方却已感到疲惫，需要适当的休息。这时候，你就应当善于察言观色，及时发现对方的状态，而不能继续滔滔不绝。如果忽略了这一细节，就有可能招致对方的不满。

双向沟通理论认为，在人际交往中，要实现对交往对象的真正理解，就必须将这种理解完全建立在相互理解的基础上。在一般情况下，交往双方的相互理解，往往是交往成功的基本前提。缺少了这种相互理解，交往也会缺少使之融洽的因素。例如，按照西餐的用餐礼仪，就餐者如果对自己所品尝的一道菜肴不喜欢，或是不打算再吃的话，出于礼貌，一般不便在餐桌上明言此事，而是将自己所使用的餐刀与餐叉以刀右、叉左、刀刃向内、叉面向上地并排摆放在盛满菜肴的餐盘之上。这一做法，在国际上是一种约定俗成的西餐用语，即告之侍者："此菜我不想再用了，请收回。"在这种情况下，接待方就不必再追问："怎么不吃？请多吃，别客气！"这样的话最终只会造成双方的尴尬。

要想在人际交往中实现交往双方真正的相互理解，就必须建立起一种约定俗成的、相对稳定的沟通渠道。所谓沟通渠道，即交往双方实现相互理解的一种捷径。没有沟通渠道，就没有交往双方的相互理解。沟通渠道是在一定地域内，经由人们长期的社会实践逐步认定、逐步习惯，并且相沿成习的。例如，为了表达对交往对象的尊重之意，一般会在会客室摆放一束鲜花，且日日更换。宾主双方对鲜花有着一种共同的理解，认为它是用来向人表示敬意的。达成了这种共识，交往就有了良好的开端。

沟通渠道具有一定的地域性。例如，在国内，人们往往喜欢在会客室摆放菊花。因为我们普遍喜欢菊花的凌风傲雪。然而在一些欧美国家，菊花通常意味着悲哀或者不幸，常被用作丧葬、扫墓之用。如果我们在接待欧美国家的客人时，就绝对不能在会客室摆放菊花，否则对方会认为这次交往"晦气"。

沟通渠道除了具有地域性，还有稳定性。即在同一地区，人们对某种事物的看法往往具有相对的稳定性。然而，沟通渠道的稳定性也是相对的。有些传统的共识，在经历了历史的变迁与社会的发展之后，已经有了不同程度的改变。

（二）3A 原则

以适当的方式表达自己的敬意是十分必要的。尽管在不同场合针对不同的交往对象，我们在表达敬意时有不同的规范和需要注意的地方，但一般而言，敬意的表达是有一定规律可循的。

根据交往礼仪的规范，欲向他人表达敬重之意，务必重视以下三个重点环节：接受（Accept）对方、重视（Attention）对方、赞美（Appraise）对方，即3A原则。

1. 接受对方

所谓接受对方，是指在交往中，要对交往对象予以充分的认同，不可对对方表示丝毫的不屑。

2. 重视对方

所谓重视对方，是指在交往中，要对交往对象认真对待、主动关心，让对方切实感受到己方的关注。一般而言，交往时应当在以下几个方面表现己方对交往对象的充分重视：

（1）要牢记对方的姓名。

对于任何人来说，自己的姓名都是百听不厌的。记住对方的姓名，并且不时地提起，会让对方真切地感受到己方对对方的重视。

（2）善用尊称。

在交往中，人们不仅应当记住对方的姓名，而且更应注意使用尊称。以尊称来表达自己的敬意，通常是一种有效的敬人方式。

（3）注意倾听。

交往的成功有赖于沟通，而沟通通常是指观念上的沟通。因此，在交往中，交往双方都要表达自己的观点和看法，同时也希望对方能注意倾听自己的言谈。

3．赞美对方

从心理学的角度来讲，所有人都希望自己能够得到他人的欣赏与肯定。一个人在获得赞美时，其内心获得的愉悦感是其他任何物质上的享受所难以比拟的。因此，在交往中，适当地赞美对方是必要的。赞美对方不仅需要用语言来表达，而且还需要以表情来配合。赞美对方尽管是必要的，但赞美也需要掌握分寸、适可而止。赞美对方要讲求实事求是，不能等同于吹捧。赞美对方需要使用恰如其分的语言。

（三）首因效应原则

首因效应原则也称首轮效应原则，是一种有关个人形象、单位形象的成因及其如何塑造的理论。从总体上讲，首因效应理论的核心之处在于人们在日常生活中初次接触某人、某物、某事时所产生的即刻的印象，通常会在对该人、该物、该事的认知方面发挥明显的，甚至是举足轻重的作用。对于人际交往而言，这种认知往往直接制约着交往双方的关系。

第一印象往往决定交往的效果。因此，许多人把首因效应称为第一印象效应，把首因效应理论称为第一印象理论。因此，在交往中，我们必须对自己的初次亮相做好充分的准备，尽量在交往对象面前充分展示自己的良好形象，并争取获得对方的认可。

要想在交往中给他人留下良好的第一印象，就应当对那些发挥关键作用的制约因素有充分的了解，并相应地采取一切可能、有效的措施，促使那些制约因素发挥积极作用。对于个人而言，直接影响外界对他的第一印象的制约因素主要有：

1. 仪容

一个人如果仪容整洁、神采奕奕、相貌端庄，就会给人好感。

2. 仪态

仪态包括举止与表情。它犹如一种身体语言，同样可以向外界传递一个人的思想、情感与态度。在同样的情况下，人们的身体语言所传递的信息，较之于口头语言和书面语言，通常会更真实、更准确。

3. 服饰

一个人的服饰不仅是其遮羞御寒之物，而且还体现着一个人的素质修养、生活阅历和审美品位。

4. 语言

在人际交往中，语言是最重要的一种交际工具。利用语言，除了可以传递信息之外，也可向交往对象表现自己对其尊重与否。

5. 应酬

不论是在工作中，还是在私人交往中，人们都免不了要接触他人，并且与对方进行一定程度的交际应酬。应酬之时的态度表现往往会留给交往对象极其深刻的印象。

除了在个人细节方面予以足够的重视之外，良好的环境也对第一印象起着至关重要的影响。环境的好坏将直接影响交往双方的心情与状态。因此，初次见面时选择一个良好的环境，或者将既有的环境进行适当的布置，也是十分重要的。

（四）亲和效应

人们在人际交往中往往存在一种倾向，即对于自己较为亲近的对象，会更加乐于接近。这里的"较为亲近的对象"，往往是指那些与自己存在某些共同之处的人。这些共同之处，可以是血缘、姻缘、地缘、学缘或者业缘关系，也可以是志向、兴趣、利益。通常把这些"较为亲近的对象"称为"自己人"。毋庸置疑，在其他条件相当的情况下，人们对"自己人"的心理定式往往是肯定的，"自己人"之间的交往效果也就更为明显。因此，在交往中双方都应当努力创造条件，发现双方的共同点，从而使彼此都处于"自己人"的情境之中。

亲和效应是指人们在交际应酬中，往往会因为彼此之间存在着某种共同之处或者相似之处，从而感到相互之间更加容易接近。这种接近会使双方萌生亲密感，进而促使双方进一步相互接近、相互体谅。

1．近似性

能够影响交往的共同之处就是双方的近似性。找到这些近似性，对于交往双方而言，都是十分必要和有用的。而这些近似性广泛存在于生活之中。双方潜在的共同点不仅限于地域，还包括志向、兴趣、利益等，一旦发现双方在这些方面有共同的认识和习惯，交往也就会顺利进行。例如，有的人喜欢运动，如果发现对方也对运动感兴趣，就会立刻感到双方志趣相投，也就很容易畅快沟通。

当然，这些近似性虽然广泛存在，但却不容易在初次交往中发现。有的人显得过于急躁，往往单刀直入地问对方："您喜欢音乐吗？""您对插花感兴趣吗？"这种提问方式过于唐突，很不礼貌，对方往往还没有思想准备，对这些问题也就不知如何回答。事实上，近似性的发现往往是通过细心观察，而非直接地提问。例如，发现对方拿着一本篮球杂志，就基本可以断定对方是个篮球迷，如果自己恰好也对篮球感兴趣，就可以找机会切入相关话题。

寻找近似性时要注意的是，双方应当对某一话题同时感兴趣或者有一定的认识，否则就不要班门弄斧，以免出洋相。

2．间隔性

人们在交往中往往会发现彼此或多或少存在一些共同之处，但交往双方若无一定时间的接触和了解，这些共同之处是很难被发现的。近似性的显现是需要一定时间的，这就是所谓的亲和效应的间隔性。

正是因为这种间隔性的客观存在，在交往中才不能急于寻找双方的近似性，而应当在不断的交往中进行细心地观察，逐渐把握双方的共同之处。尤其是有的人公私分明，在因公交往中一般不会轻易显露自己的爱好，以免对方展开人情攻势。与这些人进行交往，就更应注意平时的仔细观察，从其言谈举止中发现双方的共同之处。也正是因为间隔性的存在，使得亲和效应成为对首因效应进行相应补充的一种理论。首因效应认为人们对交往对象的感觉是在第一印象中就已形成的，而且难以改变。间隔性的存在实际上为那些在初次交往中失败的人提供了补救的机会。如果我们的努力是持续的、真心的，而对方又是理性的、客观的，那么交往双方的交往前景还将是光明的。

三、人际交往中交往艺术的基本特征

交往作为一种特定的行为模式，自然存在着一些不同于其他行为的基本特征。作为交际能力体现的交往艺术，自然也有其不同于其他行为规范的基本特征。一般而言，交往艺术具有规范性、对象性等特征。

（一）规范性

交往艺术是指人们在交往中对必须遵守的规则的理解、遵守和运用。任何交往都必须遵守一定的规范。这些规范有的是成文的，例如，单位明文规定的办公纪律；有的是不成文的，体现为日常生活中人们普遍遵守的道德规范和行为准则。前者因其规定的明确性而易于掌握。后者成型于人类社会的发展历程之中，实际上是文化的一种表现形式，因此这些规范是较难理解和掌握的。尤其在跨文化交往中，不同的文化孕育出不同的规范，致使我们往往需要克服不同的交往规范的差异，因而面临着较大的困难。

对于一个交往频繁的现代人而言，了解不同民族、地区的基本交往规范显得越来越重要。例如，少数民族在重要的场合往往会穿着具有民族特色的盛装出席，以示重视和尊重。交往中，我们应当对此有一定的了解，尊重对方的风俗习惯，切不可大惊小怪，甚至肆意取笑。

不同的宗教信仰也造成了交往规范的差异。尽管随着现代社会的发展，民族之间的交往规范已经逐渐趋同，但宗教信仰作为信徒的精神支柱，其不同的交往规则的差异则是相对稳定、不易改变的。我们应当对不同宗教信仰的一些规范有着较为明确的认识，在实际交往中严格遵守。在交往中明确交往对象是否信仰某一宗教，进而对这一宗教的行为规范与禁忌进行了解。否则，我们就容易在交往中出洋相，甚至因得罪对方而导致交往失败。

在国际交往中，人们常常有疑问："为什么我们一定要遵守国际上的一些交往惯例？外国人难道就不能遵守中国的惯例吗？"一方面这涉及交往中的互相尊重问题。交往成功的关键往往在于你比对方更早、更好地表达你对对方的尊重。我们之所以提倡在与外国人打交道时尊重对方的规范，就是希望能让对方先感觉到你对他的尊重，从而在交往中占得感觉上的主动优势。另一方面，中国的现代化建设在客观上需要遵守相应的国际规范，只有在保持自己传统规则中合理的成分的同时，遵守和借鉴相应的国际规范，才能更好地融入整个世界。

（二）对象性

交往艺术是一个宽泛的概念。实际上，在不同的交往中，针对不同的对象，交往艺术是有不同的表现形式的。参与交往的人在面对不同的交往对象时应当遵守不同的规范，正所谓"具体问题具体分析"。

对象性的问题在交往艺术中是十分普遍的。例如，在涉外交往中，我们讲究的位次排列规范是"右高左低"，而在国内交往中，位次排列规范是"左高右低"。对象性问题归根结底是关于角色定位的问题。角色定位理论认为，每个人在日常工作与生活中都扮演着一定的角色，在不同的场合，人们往往扮演着不同的角色。由于工作环境、职业习惯、专业知识、社会地位等多方面的原因，不同的社会角色在性情、志趣方面，经常会有不同的表现。在血缘、地域和人际关系的影响下，人们还承担着不同的生活角色。例如，一位男士在他的母亲面前，应当是一名孝子；在他的妻子面前，应当是一位好丈夫；在他的儿女面前，则应当是一位慈父。又如，一位女士在其友人面前，应当是一位知音；在她男友面前，则应当是一位恋人。在实际生活中，一个人往往需要扮演多种不同的生活角色。这一点，与相对而言较为稳定的社会角色是有区别的。

由于性格的不同，人们又往往有不同的性格角色之分。有的人暴躁，有的人稳重，有的人活泼，有的人内敛。不同性格类型的人，就有着不同的性格角色。以性格角色直接对人进行划分，有时显得更为直观、形象。

所谓社会角色、生活角色或者性格角色，实际上只不过是在不同的场合，或者依据不同的标准，对人们进行的一种定位。参与交往的双方都必须明确彼此在交往中所扮演的角色，根据角色的性质与内容来确定自己在交往中的具体行为和所需遵守的规范。

参与交往的人的角色往往不是一成不变的，因为角色定位的稳定性是相对的。这就需要我们在交往中进行仔细地观察，根据变化的情况随时做调整。例如，中国人的饮食习惯往往有一定的地域特征。在人们的印象中，四川人是喜欢吃辣的。因此，许多人在与交往对象共进午餐或晚餐时，为表达自己的尊重之意，往往提议去吃川菜。可实际上，四川人爱吃辣这一特点并不具有普适性。许多四川人因为个人身体原因或者有不同的饮食习惯，其实并不爱吃辣的。在交往中，我们给交往对象的定位不能过于武断和一成不变，而要具体情况具体分析。

第三节　人际交往中的大学生日常礼仪培养

一、仪容仪表礼仪

大学生对仪表、仪表美的理解显然要比一般普通人显得深刻且富有个性，这使我们感到无比欣慰。但让我们感到担忧的是，有些大学生在实际生活中对仪表美的追求和实现多少有些盲目和偏激。为了更好地塑造形象，我们需要及时矫正仪表、修正行为，不断完善自我，从而实现真正的仪表美。

任何人的形象都是由内涵和外延两个方面构成的。仪表礼仪是一个系统，涵盖了仪容、服饰、体态等基本要素，是人的品德、学识、智慧、修养、性格等内在要素的外在表现。仪表美不是一时的刻意追求，而是长期"修炼"的结果，是一种习惯的养成。因此，要实现仪表美的理想，需要在现实生活中不断地认识、不断地塑造，从而不断地改善和提高。

（一）大学生仪表美的理想

随着社会的不断发展和进步，美的意识、美的观念越来越渗透到社会生活的各个领域，人们越来越注意追求仪表美，注重美好优雅的仪表仪态所给予人们的更多的人格尊重和更强的自信心。我们甚至可以说，离仪表礼仪有多远，离成功就有多远。因为仪表礼仪有助于塑造迷人的形象，使人充满热情和活力，这是走向成功不可或缺的因素。那么，大学生仪表美的具体内容如下：

1. "秀外慧中"，仪表美要追求外在美与内在美的统一

仪表美是人的外在美，但它和内在美不是绝对对立的，恰恰相反，它是内在美的外在表现，和内在美是有机统一的，它们共同构成了人的整体美。如何使人的外在仪表更好地体现自身的内在美是我们追求仪表美的目的所在。

心灵的内在美可以给人留下难以磨灭的印象，能引起人内心深处的激动，打下深刻的烙印，它操纵、驾驭着外在美，是人的美之源泉。正因为有了内在美的存在，人才能成为真正完美的人，才能让人产生由衷的美感，因此，人的美最重要的是内在美。外在美也是人的整体美的一部分，它在人的整体美中具有不可替代的作用。其实，外在美从不同的侧面展现了人的内在美，它是内在美的延伸。

当然，内在美与外在美的和谐统一才是仪表美的理想。但在现实中，并非所有的人都能完全实现两者的统一。天生丽质若不思进取则易流于庸俗；外形欠佳但后天勤学苦练则可以弥补缺陷。古人曾云："腹有诗书气自华"。意思是说读书能使人洋溢出与众不同的高雅气质。读书能修身养性、陶冶情操，能增强人的思维能力，扩大人的学识视野，净化人的心灵浮尘。经常读书能使人的性格、思想、涵养、素质、修养等都得到潜移默化的升华。

在我们的现实生活中，常常可以见到这样的情形：有的人乍一看很美，但多看一会儿，又觉得平淡无奇。这是因为他（她）的美缺少内涵，没有深度，经不住琢磨和回味，那仅仅是一种外在美，是缺乏与内在美协调、统一的外在美。而

有的人，乍一看其貌不扬，平平淡淡，接触久了之后才知道，其待人真诚，心胸宽广，有着个人的优点和人格魅力，其灵魂之美给予人们的感受已远远超出其形体之不足给予人们的感受。正如歌德所言：外在美只能取悦一时，内心美方能经久不衰。

随着现代企业制度的逐步建立，对办公人员的素质要求越来越高，其中，最重要的是其内在素质，即较高的文化功底和较强的敬业精神所带来的工作高效率和企业的高利润。当然，有的"窗口"岗位，外在形象也是比较重要的，形象好的从业人员能给公众良好的、喜爱的感觉，有利于工作的开展。然而，在工作中拖沓、松懈、低效，即使长得标致，恐怕也不适合这个岗位。

内在修养设计需要设计什么呢？有人可能会说"补充知识，增长智慧"；"脑子灵活点儿，嘴巴甜着点儿，锻炼察言观色、随声附和的能力"；"多看点书，多向社会大课堂学习，力争提高自身的技能"……其实，同学们的看法多少都有些道理，但都存在着一个非常大的遗憾，那就是：忽视内在道德修养的设计。内在道德修养有着智的方面，同时也有着德的方面，而德的方面时常被人们所忽视。其实，"人才"这个概念非常鲜明地表述了"人"在"才"的道理，即道德修养比知识、智慧更重要。

有的学生在简历中造假，使得用人单位对学生的诚信产生了怀疑。我们中华民族一直以来都以仁、义、礼、智、信作为道德准则。但诚信同其他的道德修养问题一样，很难用硬性的规章制度来约束，这就需要每个人自觉地加强自身的内在道德修养。而大学生诚信问题不仅是每个学生的个人修养问题，同时也是维护大学生群体良好形象的问题。

2. "饰而无痕"，仪表美要追求自然美与装饰美的统一

我们强调外在美是内在美的外在表现，并非意味着力图得出这样一个结论：外在美完全依附于内在美。其实，外在美也具有自身相对独立的审美意义，人们可以具体、形象、感性地感受和体会外在美给予人的美感。仪表美作为人的外在美的一部分，展现给人们的是良好的仪容、得体的服饰、优雅的体态，它既能给本人以极大的心理满足和美的心理享受，又能给他人以审美美感，使人赏心悦目。

外表在一个人的生活中有很大的意义。很难想象一个肮脏的马马虎虎的人，他还能注意自己的行为。追求外在的仪表美是人的天性，不应加以禁锢、压抑，而应该从美学的角度积极引导。

虽然人人都希望天生丽质，但并非人人都能够拥有。可是我们如果能进行恰如其分地美化装扮，就可以使平庸的外貌变得生动，使外在的仪表美构成一道靓丽的风景线。

人们常说，"三分长相，七分扮相。"美饰装扮可以使平庸的相貌变得生动。但如果一味追求、一味讲究而忽视自然本色，就会显得矫揉造作，从而失去仪表美的魅力。自然之美是外在仪表美的根基。

说到自然之美，它大体有两种情形：一是自然的美，即素面示人，不加任何修饰。衣着朴素大方，容颜不涂过多的脂粉，简简单单的护肤霜即可，体态端庄。未加任何修饰而产生的美是真正的自然美，是自然美的第一层次，即所谓的"天生丽质"。二是美得自然，由于天生丽质并非人人都能够拥有，要么守着那副平庸的容颜，要么就花点时间、精力和金钱来收拾收拾自己。收拾得自然，就好像你天生是美丽的，任何太明显的装扮都会让人感觉你是包装以后的漂亮。"饰而无痕"是自然美的第二层次。

同学们对如何着装更得体，如何打扮可以既漂亮又不会过分妖艳或矫揉造作分外关注。某著名美容师到一所高校举办美容讲座，海报一贴出来，立即引起了众多女生的关注。当晚，讲座的教室挤进了不少女生，其中绝大部分是毕业生。她们对如何着装、如何美容表现出浓厚的兴趣。据该校一些毕业生介绍，进入"大四"后，很多女生对"外在美"更加重视了，一些从来不化妆的女生开始略施粉黛，一般从衣着、打扮方面，很容易就分辨出谁是毕业生，谁不是毕业生。有的女生为了在招聘会上给用人单位留下较好的印象，往往会花千余元购买服装、化妆品等，包装一番，让自己显的大方得体、容光焕发。相比而言，男生则比较容易"蒙混过关"，头发稍稍打理一下，一套西服、一条领带就能撑住场面。一些精明的商家也看中了大学生在这方面的消费需求，纷纷向大学校园靠拢，把美容院建到了大学校园门口。

对于大学毕业生越来越注重外在美这一现象，很多教师、学生家长均表示理解。人们普遍地认为，大学生的就业压力越来越大，在其他条件相当的情况下，用人单位自然而然地会考虑学生的外在气质和形象，因此大学生稍作包装没有什么不妥，只要不过分就行。

现在社会是一个多元化的社会，各种观念和行为方式都发生了变化，大学校园也不例外。早些年，很多学校的校规或学生守则里都有"男生不准留长发""女生不准化妆，不能烫卷发"等条款，现在基本看不到了。重视外在的装饰美无可厚非，对装饰美的追求也体现了现代大学生的一种进步、一种对美的渴望。

据了解，暑假期间是学生整容的高发期，全国各地医院尤其是大医院的整容科都接待了众多的学生"患者"，数量之多令医生有点始料不及。整容的学生主要有两种：一种是外貌稍有缺陷；另一种是外貌正常，但总觉自己不够美。有的甚至拿出明星照，要做一张和明星一样的脸。

在我们的现实生活中，其实很多人并不是很美的，通过适当的装饰，掩饰自己身上不十分理想的地方是十分必要的，但是否需要"人造"美化还值得商榷，也许是大可不必的。美容医生说：凡是手术都有危险性，整容手术不可能做到百分之百成功，因为整容而毁容的案例并不少见。整容也许会使你失去原来的自然底色。

美与丑仅一步之遥，过分修饰、刻意装点不仅不会使人产生美感，还会给人留下庸俗的印象。因此，在仪表的装饰上，无论是装饰程度，还是饰品数量以及装饰技巧都应把握好分寸，自然适度，应追求雕而无痕的效果。否则，可能会本末倒置。

3. "与众不同"，仪表美要追求个性与共性的统一

古希腊神庙矗立着一块石碑，石碑上镌刻着这样一行字：认识你自己。这简单的几个字却蕴含着非常深刻的含义。要了解自己，就要对自己有一个正确的认识。对仪表美的追求也要充分考虑自己的个性特点，使仪表与自己的年龄、体形、肤色、个性、气质、性别、身份等相适宜，表现出一种和谐，给人以美感。

大学生应着力展示其青春风采，淡淡装饰以体现自然之美和个性之美；不同

体形、不同肤色的人应考虑扬长避短，选择得体的服饰，力求突出体形优点、淡化体形缺陷；个性气质不同的人，可以通过仪表展示其个性，以获得外在仪表美与内在精神美的和谐。

什么是个性魅力？怎样装扮才能显现个性美？带着谈论个性美的话题我们走进今天的大学校园，体会现在的大学生对个性美的理解。

有同学认为：个性就是时尚，追逐时尚的大学生才是富有个性美的。把时尚和个性特征、个性美联系起来，正体现了当下大学校园的一种风气。大学生是对时尚较为敏感的群体，喜欢标新立异又渴望为社会主流承认，追随时尚，同时也在制造时尚，无愧于"时尚一族"的称号，成为校园里的新新人类。

许多大学生利用网络获取时尚信息无可厚非，但有些学生却走入时尚误区，说话土洋结合、追逐名牌、过度消费化妆品、塑造独特发型、追求炫酷服装饰品，甚至导致成绩下滑。

随着我国经济的快速发展，各种新的消费品会不断增多，流行时尚的急速变化肯定会影响到大学生。现在，大学校园的氛围是宽松的，每个人都有足够的空间施展自己的才华。同学们是活跃的、青春亮丽的，大家可以自由地感受时尚，追随时尚。然而，在追随时尚的过程中，首先需要了解自己，从流行中、从时尚中筛选出适合自己的，让时尚为我所用，而不是让自己去依附时尚。注重个人形象，不仅能增加自信，而且可以成为自身文化修养的体现。展示独一无二的自我、塑造完美的个性之美，同时不盲目追随潮流，正成为也应当成为当代大学生所特有的美。

观察人们的仪表，我们可以发现，任何人的仪表都不是绝对个性、完全独立的，恰恰相反，仪表总是受时代、环境、身份等共性因素的制约，从而不可避免地体现着共性之美，如时代的共性之美、环境的共性之美、身份的共性之美等。大学生身份的共性之美是一个很值得研究的课题。

4. "人景（境）交融"，仪表美要追求个体与环境的统一

仪表是一个人素养和品位的体现。尽管有些有学问的人不修边幅，不太注意自己的仪表形象，但那毕竟是少数，并且有时是偶然而为之。对于大多数修养较

高的人来说，都懂得如何修饰自己的形象，都能较为有效地实现自身与环境的有机统一。

谈及仪表要与环境相适应，使我们想起西方人提出的着装的TPO原则。所谓TPO，就是英文中时间（Time）、地点（Place）、场合（Occasion）三个单词的缩写。着装的TPO原则要求人们在着装上要以时间、地点、场合三项因素为依据，不同的环境需要有与之相协调的服饰。时间原则要求在着装时考虑时间因素，考虑每天的早、中、晚三个时间段，也需要考虑春夏秋冬的季节更替，做到随"时"更衣。服饰应随着季节的变化而更替变换，不宜冲破季节地标新立异、打破常规。冬天穿夏装或夏天穿冬装都是不合时宜的选择。地点原则代表地方、场所、位置不同，着装也应有所区别。特定的环境应配以与之相适应、相协调的服饰，才能获得视觉和心理上的和谐美感。在铺着丝绒地毯的会客室与陈旧简陋的会客室穿着同一件服装得到的心理效应是截然不同的，可能会给人身份与穿着不相配或是华而不实的感觉。这些都有损个人的形象。

在学术气氛极其浓厚的大学校园内，不合适的着装会与严谨的治学态度背道而驰。美是有尺度的，只有当仪表和环境相适应时，才能产生和谐的美感。不同的场合有不同的服饰要求，只有与特定场合的气氛相一致、相融洽的服饰，才能产生和谐的审美效果，实现人景交融。正式场合着装应规范。比如男生可穿西装，西装要求要平整，衣领袖口要干净，脚下必穿皮鞋；女生不宜在正式场合赤脚穿凉鞋，如果穿长筒袜子，袜口不要露在衣裙外面。在欢度节日或纪念日、结婚典礼、生日聚会、联欢晚会、舞会等喜庆场合，服装可以鲜艳明快、潇洒时尚一些，以烘托喜庆的气氛；参加殡葬仪式则要求以深色、素色为主，忌穿新潮的时装或鲜艳的服装，以免与现场悲哀、肃穆的气氛不协调。一般来讲，不同色彩的服饰在不同的场合所产生的效果是不同的。为此，同学们需要对色彩的象征意义有一定的了解。比如黑色象征神秘、悲哀，白色象征纯洁、明亮等。

把着装的TPO原则推及仪表的所有方面，我们将得出如下的结论：人的仪容、仪表同样需要与环境相协调、相适应。春秋两季的发式可以自由活泼一些。夏天天气炎热，可留凉爽、舒畅的短发，如果是长发，则可以梳辫子或将头发盘起。

夏天的发型一定要考虑前额、两颊的头发不能留得过多，应尽量把头发向后梳理。冬天，留长发既美观又保暖。

（二）大学生仪容美的实现

树立了仪容美的理想，不等于就拥有了仪容美。仪容美的理想更多地表现在认识的层面，它是一种理念，而仪容美的实现则主要表现为一种行为或行动的过程，二者处于不同的层次。因此，从仪容美的理想到仪容美的现实非一日之功，它需要一个过程，需要我们在日常生活中以理想为标尺不断地去培养、去塑造。

仪容是一个人外部形象的重要因素，它主要是指一个人的容貌。仪容是每个人生来就有的，但仪容美并非人人生而有之。什么样的仪容是美的仪容？一般来说，五官端正、发型大方、面色健康、表情自然、精神饱满是构成仪容美的五项基本内容。有些人的仪容存在着先天的不足，但可以通过后天的护理，通过后天的美化修饰来达到求美的目的。

现代社会，随着生活水平的提高，人们对仪容美的追求和向往越来越强烈。高校的大学生，无论是女生还是男生，在提高自己内在涵养的同时，也十分注重对仪容美的追求。但是，在大学生的仪容塑造中，多多少少还存在一些欠缺，甚至可能是认识和实践中的误区。所以大学生应学习一些美容知识，掌握一些美容方法和技巧，遵循大学生仪容美的基本原则，不断培养和提高自身的审美情趣和审美能力。

美丽的容貌是无言的介绍信，它能直接带给人们亲切和愉快感，对仪容美的追求是人之常情，但把追求仪容美作为一种谋生的手段，实在不是明智之举。

实现大学生仪容美的具体方法：

1．仪容美的关键——护肤

皮肤是仪容的重要基础。皮肤，尤其是面部皮肤的日常护理和保养，是实现仪容美的首要前提。正常健康的人皮肤具有光泽，柔软细腻、富有弹性。而当人处于病态或衰老的时候，其皮肤就会失去光泽和弹性，出现皱纹或色斑。对皮肤进行日常的护理和保养有助于保持皮肤的青春活力。

皮肤一般分三种类型：干性皮肤、中性皮肤和油性皮肤。对于不同类型的皮肤需要不同的方法加以护理和保养。

干性皮肤红白细嫩，油脂分泌较少，经不起风吹日晒，对外界的刺激十分敏感，极易出现色素沉着和皱纹。有些干性皮肤的同学苦于自己的皮肤少了一分"亮光"，使劲往脸上涂抹"增亮"的油脂，殊不知如此之举降低了皮肤的透气性。其实对于这种皮肤，每天在洗脸的时候，可以在水中加入少许蜂蜜，湿润整个面部，用手拍干。坚持一段时间，就能改善面部肌肤，使其光滑细腻。

中性皮肤比较滋润细嫩，对外界的刺激不太敏感。这种皮肤比较易于护理，可以在晚上用冷水洗脸后，再用热水捂脸片刻，然后轻轻抹干。

油性皮肤肤色较深，毛孔粗大，油光满面，易生痤疮等皮脂性皮肤病，但适应性强。洗脸时可在热水中加入少许白醋，以便有效地去除皮肤上过多的皮脂、皮屑和灰尘，使皮肤富有光泽和弹性。

皮肤的护理是必要的，皮肤的保健更是十分必要的。

精神愉快是最好的美容保健方法。美国一位科学家曾说过：笑是一种化学刺激反应，它能激发人体各个器官，尤其是激发头脑和内分泌系统活动。笑的时候，面部肌肉舒展活动，皮肤的新陈代谢加快，从而促进血液循环，增强皮肤弹性。同学们应当尽量避免过分的焦虑、忧愁和悲伤，当遇到困难和烦恼时，要善于排解，可以通过向他人诉说的方式向外排解，也可以通过听音乐、看小说等方法自我排解，乐观的人始终是美丽的。

充足的睡眠是美容保健不可缺少的。在睡眠充足的状态下，人体的所有器官能够自动休整，细胞加速更新，皮肤可以获得更多的氧气。睡眠充足，精神才能振作，才能容光焕发。如果晚上经常熬夜，时间长了皮肤会干涩无光。

合理的饮食是美容保健的根本，人体需要养分，有了养分，皮肤才有自然健康的美。因此，同学们在日常生活中应该注意饮食上的多样性，多吃富含维生素的食物，少吃刺激性食物，保持消化系统的畅通。

一项研究表明：美好容颜的养成，内在营养占80%，外在护肤占20%。其实，在我们的现实生活中，有不少人长期以来都没有用过高档的护肤品，但皮肤依然富有弹性和光泽，这其中的道理不说自明。

2. "心灵之窗"的美化——"点睛"

眼睛是人体中能通过动静变化、惟妙惟肖地表达和传递非语言情感的器官，眼睛的微妙变化可以表现人的各种情绪、个性和德行，诸如眉开眼笑、眉飞色舞等都是眼睛参与的仪容动态美的形象表现。眼睛素有"心灵之窗"的美称。眼睛之美是仪容美的关键，美丽的眼睛甚至能遮掩其他器官的一些不足。因此，美学家们经常称眼睛是"美之窗"。

对于"美之窗"，有的人有自己的主张，认为只有双眼皮的大眼睛才是美的，先天没有的话，可以后天加以弥补——做双眼皮手术。但值得思考的问题是：任何美容手术都存在一定的风险，而且双眼皮、大眼睛并非适合所有人。

有的人虽然长着一双美丽的眼睛，但因身体虚弱，眼睛无神，眼光暗淡，这种美就大打折扣，甚至被忽略；有的人由于心灵不纯洁，心中有鬼，贼眉鼠眼，那就不仅不美，反而丑恶。相反，有的人眼睛虽然小，但内心世界丰富，身心健康，人格高尚，因此，其眼睛不仅炯炯有神，而且目光清亮，像秋水一样明净，像大海一样幽深，这样的眼睛谁能说不美？

如果近视，不妨佩戴隐形眼镜或者干脆戴上眼镜。而如果戴眼镜，请注意把镜片擦干净。如果说眼睛是心灵的窗口，那么眼镜便是心灵的门面，每一个人都喜欢看到窗明几净。

3. 美的自然之"经典"——化妆

有的女生喜欢将自己浓妆艳抹，脸上的脂粉都快要掉下来了；有的女生把眉毛描得细细的，而眼圈又画得青紫；有的女生将手指甲甚至脚指甲涂上鲜红的指甲油。凡此种种，将原来所特有的清纯形象损失殆尽。大家都知道，西湖之美不在于人工雕琢，而在于天成，正如苏东坡所言："欲把西湖比西子，浓妆淡抹总相宜。"

对于大学生来讲，平常没必要化妆，而当有重大事项或出入较为正规的场合时，可以考虑化淡妆，淡妆会给人以自然、含蓄、舒适、得体的感觉。人们常说"化过妆就好像没有化一样"的效果就是化妆的最高境界。尤其对于面试的大学生来讲，淡妆素抹非常适宜。尽量不使用闪光化妆品，不涂过于鲜艳的口红，香水喷洒要恰到好处，指甲要整洁、干净，不要涂成五颜六色。

化妆并非是女生的专利，男生也喜欢用一些化妆品，除非你很内行，而且确定无人能识破你的"伪装"，否则，大多数人的眼光里总是觉得男生涂脂抹粉过于缺乏阳刚之气，反而弄巧成拙。

4. 仪容美的制高点——美发

头发和脸庞是人体的制高点，很能吸引他人的注意。在社会交往中，人们之间的第一印象往往就是由人的发型和脸庞引起的。脸庞的可塑性较小，而发型的可塑性较大。美发所涵盖的内容主要有三项：头发的清洁；发型的选择；头发的颜色。

对于大学生来讲，保持头发的清洁，应当不成问题。但对发型和发色的选择则不能仅仅考虑个人的喜好，同时还要遵循美观、大方、整洁、方便的共性原则，另外还要考虑自身的条件。

男女有别。男生发型女性化，女生发型男性化，都不能产生十足的美感。一般来讲，女生发型选择的空间较大，男生发型则以短发为宜。

脸型不同，发型也应当不同。对于女生来讲，椭圆形脸是东方女性的标准脸型，选择发型可以比较随意；长脸形看起来面部瘦削，可以考虑让前刘海遮住前额，设法使双颊显得宽一些；圆脸形的应将顶部的头发梳高，使脸部在视觉上延长，并设法遮住两颊；方脸形的应设法掩饰棱角，使脸显得圆润些。对于男生来讲，"板寸"适合面部饱满的男生。前额较宽的人应该梳"三七开"的分头，以便更多的头发能够遮盖前额。

个性、气质不同，所选发型也不能千篇一律。举止端庄稳重的人，宜选择朴素、自然大方的发型；性格开朗直爽的人，宜选择线条明快、造型简洁、体现个性特点的发型。

人的体型有高、矮、胖、瘦之别，发型也应有所区别。男生的发型受体型的影响较小，而女生在选择发型时，需从自身的体型出发。瘦高的人，可留长发、直发、大波浪的卷发；身材矮小的人，可剪成短发或将头发高盘于头顶。

（三）提高"审美"情趣，让服饰为你的形象添光彩

服饰是服装和饰品的统称，具体包括帽子、围巾、领带、腰带、纽扣、鞋、袜子、手套、拎包、伞以及其他饰品等。此外，衣服上的装饰图案和花纹也可包括在内。服饰是一种无声的语言，表达着一个人的社会地位、文化品位、审美意识以及生活态度。

"美是一种创造"，恰到好处的服饰能创造美，但并非任何服饰在任何人身上都能产生美感。事实证明，服饰只有与穿着者的体形、气质、个性、身份、年龄、职业以及穿戴的环境、时间协调一致时，才能达到美的境界。虽然"穿衣戴帽，各有所好"，但其中也有必须遵循的共同原则，除了我们前面提到的TPO原则之外，还包括以下五大原则：

1. 让服装展示最佳体态信息

人是服装的主体，任何新颖漂亮的服饰，只有配合人这一主体，才能展现出它的美。理智的着装者善于利用服饰扬美遮丑，充分展示自己的外在美和气质美。因此，服装美的关键在于展示体态美的信息，在于完善人体美。

在现实生活中，并非每个人的体形都十分理想，人们或多或少都存在着形体上的不完美或欠缺。若能根据自己的体形挑选合适的服装，扬长避短，则能实现服装美和人体美的和谐统一。

服装的不同面料、款式、色彩、图案等对人体美的表现效果是不同的。身材比较胖的人宜选用坚、挺、阔的面料，以薄厚适度为宜。应选择色彩明度较低的深色服装，或穿细线条的服装，切忌穿大花纹、横花纹、大方格图案的服装。身材比较瘦小的人选用的服装面料以柔和而富有弹性为宜。太薄的面料会给人以呆板、缺乏韵味的感觉，而质感厚实一点的面料会使人看上去精神抖擞。可穿显得柔软宽松的衬衣，不宜选用竖条纹的服装，否则会夸大纤细的身形，应选择色彩明度较高的白色或浅色服装。

2. 着装与肤色相协调

每个人的肤色不同，服装色彩的选择也应当有所不同。着装要与肤色相协调。

肤色苍白者宜穿以暖色调为主的服装，不宜穿冷色调服装，因为冷色调使脸色显得更加苍白，如同"雪上加霜"。肤色发黄者在着装上宜选用蓝色。原因是蓝色近似黄色的补色，能够衬托黄种人的肤色。特别是明度上深暗的蓝色，能将黄种人的肤色推向明度高的一边，从而产生白皙感。肤色较黑者的服装主色调最好采用冷色，衬色可采用较暖的颜色。根据年龄可采用灰绿、棕红、棕黄等颜色。不宜穿纯度高的红色或黄色服装。肤色发灰者的服装色调不宜选择暗淡的，而应选择较明亮的蓝、绿、紫罗兰等颜色。

3. 着装要注意色彩搭配

色彩在很大程度上是服装穿着成败的关键所在。色彩对人的刺激最迅速、最深刻，所以被称为服装的第一可视物。在现实生活中，服装的色彩大多不是单一的，色彩的搭配对穿着效果至关重要。

（1）整体统一法。

可以全身上下用一种主体颜色来统一，如蓝色的上衣、袜子和鞋子，配以浅蓝的裤子，使整体看起来既统一又有浓淡的变化。这种服饰搭配追求的是整体的效果。也可采用同一色系明度不同的色彩，按照深浅的不同程度进行搭配，以便创造出和谐的美感。如深烟色的裤子与银灰色的上衣相配，给人以端庄、稳重的感觉。

（2）对比法。

在配色时，运用明、暗两种特性相反的色彩进行组合。这种对比组合可以使着装在色彩上反差强烈，相映生辉，静中有动，突出个性，给人以鲜明、醒目的印象。最常用的配色是黄、红、蓝三色对比搭配，也可以突出其中一种，同时在色调上做一些变化。

（3）相似法。

我们把暖色中的红、橙、黄以及冷色中的绿、天蓝、蓝、蓝紫这些在色相环上相距九十度左右的邻近色称为相似色。相似色搭配难度较大，不仅要注意色与色之间的明度差异，还需要注意色的纯度和色相的变化。如蓝和绿搭配时，两个色的明度、纯度必须区别开，用深一点的蓝和浅一点的绿搭配在一起，就很协调、美观。

（4）呼应法。

配色时，可以在某些相关部位刻意采用同一色彩，以便使其遥相呼应，产生美感。在社交场合，穿西服的男士讲究公文包、腰带和皮鞋的色彩相同，就是对这种方法的运用。在各种颜色中，黑、白、灰三色为安全色，比较容易与其他色彩搭配，而且效果也比较好。在着装的色彩搭配中，除掌握一些必要的方法外，还需注意：男生服装不宜有过多的颜色变化，以不超过三色为好；女生服装也不应色彩过多，以免过于俗气，失去美感。

4. 着装与身份相适应

身份不同，人们的穿着也应有所不同。工人、农民、军人、演员、干部、学生等，由于他们特定的身份，形成了各自特定的服饰特点。衣着是一种装束，只要它适合自己的年龄、身份、体形、肤色，又与环境、时间等因素相协调，就是美的。就如学生的着装应以自然、大方、整洁、明快为原则，与青少年纯洁、活泼、可爱的特征相适应。总的来说，服装应该朴实、整洁、合体、大方，既不能太新潮时髦，又不能太古板守旧，应给人一种稳重的时代感。

服饰问题不是简单的一套衣服、一双鞋、一件饰品的问题，它是一个人审美观的集中表现，是一个人文化素养的具体体现。人们通过服饰看到的是一个人的内在涵养和素质。

5. 注意饰品的选择

近些年，饰品的种类和数量不断增加。人们尤其是年轻人对饰品的追求几近狂热。饰品是一种文化，饰品的选择和佩戴能体现一个人的内在涵养和素质，可以成为个人的象征和外在表现。

饰品的佩戴要大方得体，饰品不宜过长，并且尽量不要叮当作响。有些饰品不仅会成为学习、工作的障碍，倘若出现质量问题，还会伤害我们的皮肤。

对饰品的选择要把握好度，不要太烦琐。在比较正式的场合最好不要背闪闪发光的包。选择手袋和包需要考虑衣服的颜色，使它们相配。一般来讲，白、黑色手袋和包比较容易配色。选择手袋和包还需要考虑自己的体形，身材高大的同学，最好不选用太小的包，相反，身材矮小的同学不宜用太大的包，以免让自己显得更矮小。

【案例2】

在电梯里，我站在四个陌生人身后，看衣着和言谈，很容易判断出四个人的身份：两个是总公司的高层领导，一个是分公司领导，而另一个是女秘书。

这个分公司的领导衣着得体，藏青日式小腰身西装和米色长裤，风衣搭在小臂上。他说着地道的上海话和流利的英语，与身旁的女秘书低语，我只默默看在眼里。他们的楼层到了，电梯门开了。他立刻很有风度地伸出手去，用自己的胳膊挡住门，好让他的上司先他而过，而不至于被门夹到。可是出人意料的是，他竟然把女秘书落在了后面。女秘书险些撞到门上，幸好反应敏捷，飞快地闪了出去。

我觉得这番景象惨不忍睹。带着这颗悲哀的心，我走进了自己的办公室。褪下外套的时候，我发现原先挂外套的那个墙头已经被另一件衣服抢占了。那是件咖啡色呢料男式长大衣，式样似乎已经过时，比较难看。我想不起来曾经见谁穿过，因而也就猜不出是谁的。于是我有些不高兴，以为是哪位同事要抢我的风水宝地，在思量中，还是把外套挂了上去，靠在那件陌生大衣的外面。后来我才知道，那件大衣属于一位从总公司过来的短期出差人员，大家叫他小王。他后来也感觉自己已经不小心侵犯了别人的地方，于是，以后他总是小心翼翼地把我的衣服拿下来，把自己的挂上去，再把我的衣服重新挂到外面，然后，还仔细地整理一下我的衣领，却不在意自己的衣领被压倒。我坐在远处，偷偷看他做这些事情，慢慢地就对他钦佩了起来。他走的那天和大家道别，就穿着那件我一度认为过时而难看的大衣，这件大衣居然被他穿得很有型，忽然觉得会是下一年的时尚款式。

二、日常交往礼仪

掌握一定的日常交往礼仪是十分必要的，更会带来人际关系的和谐与顺畅。大学生日常交往礼仪具体内容如下：

（一）会面礼仪

在日常交往中，需要懂得有效吸引人的方式和与人会面的艺术。相识者之间和不相识者之间往往在适当的时候，需要向交往对象行礼，以表示自己对对方的敬意、友好和尊重，这就是所谓的会面礼，是人们见面时约定俗成的互行的礼节。与人见面时应有积极的态度，并主动上前，以动作和言语相互问候。

由于各国、各民族、各地区历史文化传统和风俗习惯不同，人们采用的会面礼往往也千差万别。人们比较熟知的就有握手礼、脱帽礼、举手礼、鞠躬礼等。

1. 握手礼

据说，握手礼起源于中世纪欧洲，那时人们见面时，无敌意的双方为了表明自己的友好，就要放下手中的武器，伸开手掌让对方摸摸手心，这种习惯逐渐演变成今天的握手礼。握手礼多用于见面时的问候与致意。对久别重逢的老朋友，以握手表示对对方的关心和问候。人们彼此之间经过他人介绍相识，通过握手，向对方表示友好和愿意与对方结识的心情。告别时，以握手感谢对方，表示愿意保持联系、再次见面的愿望。除此之外，握手礼还是一种祝贺、感谢、理解、慰问、支持和鼓励的表示。在交往中，握手礼运用得当，会显得彬彬有礼，很有风度。

在正式场合，握手双方应由谁先伸手同对方握手是握手礼节中一个重要的问题。对伸手的先后顺序一无所知，往往会变"有礼"为"失礼"。握手应遵守"尊者决定"的原则，即握手者首先确定彼此身份的尊卑，由位尊者先行伸手，位卑者予以响应。贸然抢先伸手是失礼的表现。握手时双方伸手的先后顺序是：年长者与年轻者相互握手，年长者应先伸出手来，年轻者才可伸手握之；身份高者与身份低者相互握手，身份高者应先伸出手来，身份低者才可伸手握之；男士与女士相互握手，女士应先伸出手来，男士才可伸手握之；已婚者与未婚者相互握手，已婚者应先伸出手来，未婚者才可伸手握之等。接待来访客人，当客人抵达时，应由主人先伸手与客人握手表示"欢迎"。当客人告辞时，则应由客人先伸手与主人握手表示"再见"。如果握手的先后顺序颠倒，很容易让人产生误解。

握手时需要注意的事项和禁忌内容具体如下：

（1）握手时的注意事项。

① 握手时要注意姿势。

正确的姿势是：距握手对象约一米远，双腿立正，上身略向前倾，自然伸出右手，四指并拢，拇指张开与对方相握。握手时用力应适度，上下稍微晃动三四次，然后松开手，恢复原状。与他人握手，一般应起身站立，除非是长辈或女士，否则坐着与人握手是失礼的表现。

② 握手时要注意神态。

握手前，双方可打招呼或点头示意。握手时应面带微笑，目视对方双眼，并且寒暄致意，表现出关注、热情和友好之意。

③ 握手时要把握好力度。

为表示对交往对象的热情友好，握手时可以稍许用力，但切不可用力过大。遇到亲朋故友，握手时用力可以稍大一些，但与异性或初次相识者握手时，用力千万不可过大。用力的大小要因人而异，把握好分寸，以适度为好。

④ 握手时要掌握好时间。

与他人握手的时间不宜过长或过短。握手时间过短，给人以应付、走过场的感觉；握手时间过长，尤其是握住异性或初次相识者的手时间过长，是失礼的表现。正常情况下，握手的全部时间应控制在三秒钟以内。

（2）握手时的主要禁忌内容。

不要用左手同他人握手；不要在握手时争先恐后，造成交叉握手；不要戴着手套和墨镜与他人握手；不要抢先出手同女士握手；不要握手时东张西望、心不在焉或面无表情、有气无力；不要握手时另一只手插在衣袋里或拿着东西不肯放下；不要握手后马上擦拭自己的手掌；不要拒绝与他人握手等。

2. 脱帽礼

在公共场合常有戴着帽子的人。遇到熟人需要打招呼或行其他会面礼时，或进入他人寓所、在公共场所、升国旗奏国歌时，应右手握住帽子前沿中央，摘下帽子致礼。在正式场合，脱帽礼还常常是鞠躬礼的前奏。有时与相遇者侧身而过，从礼节上讲也应回身用手将帽子掀一下并说声"你好"。

3. 致意礼

在公共场所人多不易交谈或在同一场所再次见面时，可以向对方举右手打招呼并点头致意。点头致意时，应脱帽，面带微笑，头部向下微微一点。点头时速度不要过快，幅度不宜过大，也不要反复点头。

在外交场合，遇见身份高的领导人，应有礼貌地点头微笑致意并表示欢迎，不要主动向前握手问候。如果遇到身份高的熟人，一般也不要径直去问候，而是在对方活动告一段落后，再上前问候致意。

4．举手礼

举手礼也是在公共场合被广泛采用的一种礼节。举手礼可在向距离较远的熟人打招呼时使用。行礼时，右臂向前伸直，掌心向着对方，四指并齐，大拇指张开，左右轻轻晃动一两下。另外，军人的敬礼也是举手礼的一种。他们在同其他人握手前，一般要先行举手礼。

5．鞠躬礼

鞠躬礼源自中国，但现在作为日常的见面礼已不多见。在我国，鞠躬礼主要用于公务场合表示欢迎和感谢，或用于颁奖、演出、婚礼和悼念等活动。这种礼节在日本、韩国和朝鲜十分盛行。

行鞠躬礼时必须脱帽，双腿立正，目光注视受礼者，以腰为轴上身向前倾。男士的双手应贴附于两腿外的裤线处，女士的双手则应下垂或搭放在腹前。鞠躬的幅度越大，所表示的敬重程度就越大。一般的问候弯15°左右，迎客、送客表示诚恳之意弯30°～40°，90°的鞠躬常用于悔过、谢罪等特殊情况。

6．拱手礼

拱手礼又叫作揖，是我国的传统礼节，现在主要用于拜年，向亲朋好友表示感谢，向长辈祝寿，对朋友结婚、生孩子、乔迁或晋升表示祝贺等。行拱手礼，要上身挺直，双手抱拳，举至下巴处，自上而下或自内而外有节奏地晃动两三下。

7．合十礼

合十礼又称合掌礼，是信奉佛教的人常使用的一种礼节。行礼时要面对受礼者，手掌合拢并齐，掌尖与鼻尖基本持平，手掌稍向下向外倾斜，微微低头。当别人向我们施合十礼时，我们也应以合十礼还礼。

8. 拥抱礼

拥抱礼是西方国家的一种常用礼。在人们见面、告别，表示祝贺、慰问和欣喜时，常采用拥抱礼。拥抱礼有时是纯礼节性的。在我国，除一些少数民族外，拥抱礼不常采用。正规的拥抱礼，应该是两个人正面相对站立，各自举起右手臂，将右手搭在对方的左肩后面，左肩下垂，左手扶住对方腰的右后侧。首先向对方的左侧拥抱，然后向对方的右侧拥抱，最后再次向对方的左侧拥抱，拥抱三次后礼毕。在一般的场合行此礼，不必如此讲究，次数也不必如此严格。

9. 亲吻礼

亲吻礼也是西方国家常用的会面礼，它常与拥抱礼同时使用，即双方见面时既拥抱又亲吻。由于双方关系不同，行礼时，亲吻的部位也不同。长辈亲吻晚辈，应当亲吻额头；晚辈亲吻长辈，应当亲吻下额或面颊；同辈之间，同性应当贴面颊，异性应当亲吻面颊；真正亲吻嘴唇只限于夫妻或恋人之间，其他关系是不能亲吻嘴唇的。男子对尊贵的女宾往往亲一下手背或手指以示尊敬。

另外，吻手礼也是流行于欧洲的一种会面礼。行礼时男士行至女士面前，立正垂手致意，然后右手或双手捧起女士的右手，轻轻抬起并弯腰俯身，用自己微闭的嘴唇，象征性地在女士的手背或手指上轻轻一吻，然后抬头微笑相视，把手轻轻放下。

10. 敬烟礼

在中国人相互交往中，常以敬烟作为一种礼节。但是，在国际场合若以敬烟为礼，则不符合国际交往礼节。

交往中如果需要敬烟和吸烟，则有许多需要注意的礼仪要求。吸烟应首先征得主人、长者、女士同意后方可吸烟。但即使众人对吸烟不反对，如果他们不吸烟，为尊重主人、长者和女士，也以不吸烟为宜。敬烟应讲究先后有序，即先向长者、贤者、女士敬烟。敬烟时先打开烟盒或使香烟上弹，让敬烟者自己拿取，才算卫生、有礼。点火时应在火苗稳定后再点。

礼貌地对待他人，展现当代大学生的风貌，是十分必要的。大学生应更多地了解各国、各地区、各民族的会面礼，尊重不同场合的礼节习惯，以便在社会交往中得心应手。

（二）称谓礼仪

由于各国、各民族的历史文化不同，风俗习惯各异，因而人们的姓名结构和称呼习惯有许多的不同。在国际交往中了解各国人民的姓名结构和称呼习惯，正确、恰当地称呼对方，不仅可以显示自己的素养和对对方的尊重，而且还会影响社交的效果。

1. 姓名

不同国家的人，姓名有很大的不同。按姓名的构成和排列的顺序大致有以下三种情况：

（1）前姓后名

亚洲很多国家的姓名结构和排列顺序与我国基本相同，即姓在前，名在后。日本的姓名，常见的多由四字组成，如"福田赳夫""小泽一郎"。前面两个字为姓，后面两个字为名。为了避免差错，与日本人交往，一定要了解姓名中，哪部分是姓哪部分是名。正式场合，把姓与名分开书写。日本妇女，婚前使用父姓，婚后使用夫姓，本人名字则一直不变。在日本，日常交往中往往只称其姓，在正式场合才使用全称。姓名结构为前姓后名的国家还有韩国、朝鲜、越南、柬埔寨、匈牙利等。

（2）前名后姓

在英国、美国、加拿大、澳大利亚等讲英语的国家，人们的姓名一般由两部分组成，通常名在前，姓在后。例如，比尔·克林顿，比尔是名，克林顿是姓。女子结婚前一般都用自己的姓名，结婚以后，姓名一般是自己的名加上丈夫的姓。在交往中，日常只称其姓，加上"先生""小姐"等。而在正式场合，则应称呼其姓名全称，并加上"先生""夫人"等。

法国人的姓名一般是由两节或三节组成，前一二节为个人名字，最后一节为姓。西班牙的姓名常由三节或四节组成，前一二节为本人名字，倒数第二节为父姓，最后一节为母姓。俄罗斯人姓名由三节组成，分别为本人名字、父名、姓。

阿拉伯人的姓名由四节组成，分别为本人名字、父名、祖父名、姓。另外，泰国等国家人的姓名也是名字在前、姓氏在后。

（3）有名无姓

姓名结构只有名而无姓的人以缅甸、印度尼西亚等国居多。缅甸人名字前的"吴"不是姓，而是一种尊称，是"先生"的意思。缅甸人名字前常冠以表示性别、长幼、地位的字和词，如"杜"意为女士，"玛"意为姐妹，"郭"意为平辈，"哥"意为兄弟，"波"意为军官，"塞耶"意为教师。一个缅甸男子名"刚"，同辈称他为"哥刚"，如果有一定的社会地位则被称为"吴刚"，如果是军官，则被称为"波刚"。

2．称呼

称呼即称谓，指的是人们在交往应酬时，用以表示彼此关系的名称用语。不论是在口头语言还是书面语言中，称呼都十分重要。称呼的运用与对待交往对象的态度直接相关，因此，称呼对方时千万不可马虎大意。在交往中，我们既要注意学习，掌握称呼的基本规律和通行做法，又要特别注意各国之间的差别，认真区别对待。

（1）称呼的形式

在正式的交往场合，称呼应当庄重、规范、得体，以表示对称呼对象的尊重和友好。经常使用的称呼主要有以下几种形式：

① 泛尊称

这种称呼几乎适合各种社交场合。对男子一般称"先生"，对女子称"夫人""小姐""女士"。应该注意的是，在称呼女子时，要根据其婚姻状况进行确定，已婚的女子称"夫人"，未婚女子称"小姐"，对不知婚否和难以判断的，可以称之为"女士"。在一些国家，"阁下"一词也可以作为泛尊称使用。

泛尊称可以同姓名、姓氏和行业等分别组合在一起使用。如"克林顿先生""玛格丽特·撒切尔夫人""上校先生""秘书小姐"等。

② 职务称

在公务活动中，可以对方的职务相称。例如，称其为"部长""经理""处长"

"校长"等。

职务性称呼还可以同泛尊称、姓名、姓氏分别组合在一起使用。例如，"周总理""桥本太郎首相""部长先生"等。

对职务高的官方人士，如部长以上的高级官员，不少国家称为"阁下"。例如，"总统阁下""大使先生阁下"。对有高级官衔的妇女，也可称为"阁下"。但在美国和德国等国家没有称"阁下"的习惯，对这些国家的相应人员，应该称"先生"或"女士"。

③　职衔称

交往对象拥有社会上备受尊重的学位、学术性职称、专业技术职称、军衔和爵位的，可以"博士""教授""律师""法官""将军""公爵"等称呼相称。

这些职衔性称呼还可以同姓名、姓氏和泛尊称分别组合在一起在正式场合使用。例如，"乔治·马歇尔教授""卡特博士""法官先生"等。

④　职业称

对不同行业的人士，可以被称呼者的职业作为称呼。比如"教师""教练""警官""医生"等。对商界和服务业的从业人员，一般约定俗成地按性别的不同分别称为"小姐""先生"等。这些职业称呼还可以同姓名、姓氏分别组合在一起使用。

⑤　姓名称

在一般性场合，彼此比较熟悉的人之间，可以直接称呼姓名或姓氏。中国人为表示亲切，还习惯在被称呼者的姓前面加上"老""大"或"小"等字，而免称其名。更加亲密者，往往不称其姓，而只呼其名。

（2）称呼的禁忌

在交往中，称呼不当就会失礼于人，有时后果不堪设想。因此一定要注意称呼的禁忌。

①　错误的称呼

称呼对方时，记不起对方的姓名或叫错对方的姓名，都是极不礼貌的行为，是社交中的大忌。尤其是外国人的姓名，在发音和排列顺序上同中国人的姓名有很大的差异，如果没有听清楚或没有把握，宁可多问几次，也不要贸然称呼。对被称呼者的年龄、辈分、婚否以及同其他人的关系做出错误判断，也会出现称呼上的错误，如将未婚女子称为"夫人"等，也应尽量避免。

② 产生误会的称呼

不论是自称还是称呼他人，要注意不要使用容易使对方产生误会的称呼。例如"爱人"，中国人常把自己的配偶称为"爱人"，而外国人则把"爱人"理解为婚外恋的第三者。还有"老人家"等易让人产生误会的称呼，也尽量不要使用。另外，也不要使用过时的称呼或者不通用的称呼，让对方不知如何理解。

③ 带有歧视性或侮辱性的称呼

在正式场合，不要使用低级、庸俗的称呼或用绰号作称呼。在任何情况下，都不能使用带有歧视性或侮辱性的称呼。

尊重一个人，首先要从尊重一个人的姓名开始，从有礼貌的、友好的称呼开始。这对展现个人的风度，形成良好的人际关系和社会风尚是十分重要的。

第七章　大学生人际交往的改善对策

第一节　优化大学生人际交往环境

所谓环境，是指环绕在人们生活周围并对人们产生某种影响的客观现实，是人们赖以生存和发展的自然条件和社会条件的总和。大学的学习成长是大学生社会化的一个重要阶段，在这一发展过程之中，大学生的思想观念与交往行为无时无刻不受环境的影响和制约。良好的环境会使人精神舒畅，产生奋发向上的精神动力，促进人际交往的良好互动与沟通，加速个体社会化的进程。美国心理学家卡尔·罗杰斯认为，一个人的创造力只有在他感觉到"心理安全"和"心理自由"的条件下，才能获得最优秀表现和发展。只有置身于轻松、民主、和谐、气氛宽松、心情舒畅的交往环境中，人际交往的双方才能摆脱一切束缚，其个性才能得以彰显，创造力才能得到激发，才能无拘无束地发表自己的见解，表达自己的意愿，反映自己的诉求。因此，优化和创设大学生人际交往的外部环境、文化环境和网络虚拟环境，是促进大学生人际交往，加速大学生社会化的重要举措。

一、创设良好的外部环境

优雅的环境、整洁的布局、舒适的氛围总是给人一种愉快和积极向上的感觉；否则，会影响人的心情、抑制人的灵感、使人的创造力的发挥受到限制。因此，创设一个良好的外部环境，为大学生的人际交往提供一个良好的空间。与大学生人际交往密切的外部环境主要包括大学校园环境、校园周边环境和家庭环境这几个方面。

(一) 优化校园环境

置身于一个美丽的校园环境之中，人不由得产生一种轻松愉悦的心情，使心情得以放松，身心得以调节。优美的大学校园环境不在于高楼林立，不在于装饰的富丽堂皇。而在于卫生的干净整洁，树木葱葱而清新、绿草茵茵而亮晶、道路洁净且平整；楼舍窗明几净、教室整洁卫生；校园的一草一木、一景一物无不潜移默化地对大学生的人际交往起着引导作用，无不对大学生的思想政治教育起着"润物细无声"的作用。在这样一个优美、舒适和充满浓浓人文气息的校园环境之中，能够激发起大学生交往的激情和创造的热情。作为高校的后勤管理部门，应不断加大对环境的管护力度，把美化校园环境纳入制度化管理之中，持续地、一如既往地做好环境的创设与优化，构筑起大学生人际交往的环境平台。

（二）整治校园周边环境

由于种种原因，有些大学校园周边土地被社会居民占用。在校园周边乱搭乱建，一些社会人员在校园周边大量开设网吧、台球室、歌舞厅、餐厅等；还有更多商贩在校园周边摆摊，占据人行道，叫卖声不断，高音喇叭整天响彻不停。躁乱的环境不仅影响了师生的正常作息，更对大学生的人身安全造成了一定的隐患，严重干扰了学校正常的教学、科研和生活秩序，影响了学生的身心健康，对大学生健康和谐的人际交往极为不利。因此，对于校园周边环境的治理，要做到三点：一是积极依靠政府，校地结合，形成校园及周边治安综合治理的合力；二是突出重点，集中整治，加大校园及周边治安综合治理力度；三是预防为主，标本兼治，形成对校园周边环境治理的长效机制。校园环境的治理关系大学生健康的交往与成长，关系合格建设者和可靠接班人的培养。务必把校园周边环境的治理纳入环境建设的视野，为大学生的成长与交往建设一个美丽的环境。

二、优化大学生人际交往的文化环境

人际交往的文化环境是指影响人际交往的思想观念与交往行为的文化要素的总和。我们知道，人并不是来到世上就自然地认同和承载了社会的文化，而是通过人际交往，通过后天的学习获得社会文化、成为社会的一员、参与和创造社会生活的。如果从文化的视角来看，社会化就是社会和群体向个体传输文化，个体学习和认同文化的过程。大学生通过人际交往这一社会化的重要途径，文化得以在个体身上接受、内化和传承，通过先进文化的滋养和熏陶、引导和塑造，个体才成长为合乎时代发展要求的合格建设者和可靠接班人。影响大学生人际交往的文化环境主要有家庭文化环境、校园文化环境和大众传媒环境等。

（一）优化家庭文化环境

"家庭作为建立在姻亲关系上的社会生活组织，除了有繁衍和抚育后代的功能以外，还通过家风、家庭关系和家庭文化对子女进行着教化功能。所以家庭文化环境深深地影响着家庭成员的价值观和行为方式，并与学校环境和社会环境一起发挥着个体'社会化'的功能。"[①]

在家庭环境中，一方面，个体获得家庭成员的态度和价值观，是个体社会化的开端。家庭对个体的教化往往是通过家长自身良好的内在形象和榜样来示范给自己的子女的，这种示范具有深刻的感染性、渗透性和持久性。《颜氏家训》指出："夫风化者，自上而行于下者也，自先而施于后者也。是以父不慈则子不孝，兄不友而弟不恭，夫不义则妇不顺矣。"[②]另一方面，家庭环境蕴涵着一整套爱好、知识和文化教养。法国当代著名的社会学家布尔迪厄称之为"文化资本"。"这种文化资本不仅能够像其他资本一样进行创造，而且能够通过家庭进行代际传递和扩张，从而使个体获得特定的文化意蕴，如礼仪、说话方式等，反映并影响着个体的社会地位。拥有优越文化资本的个体往往比文化资本欠缺的个体更能充分利用社会资源，并增加自己的文化资本，从而获得较高的能力起点。"[③]布尔迪厄十分重视大学生成长与家庭文化环境之间的关联性："处于最有利地位的大学生，不仅从其出生的环境中得到了习惯、训练、能力这些直接为他们学业服务的东西，而且也从那里继承了知识、技术和爱好。而一种'有益的爱好'对学习产生的间接效益，并不亚于前面那些因素。"[④]因此，必须重视家庭和优化家庭文化环境在个体社会化中的重要作用，它对个体人际交往能力的养成起着非常重要的作用。

① 张耀灿. 思想政治教育学前沿[M]. 北京：人民出版社，2006：407.
② 颜氏家训[M]. 北京：中华书局出版社，2007：32.
③ 张耀灿. 思想政治教育学前沿[M]. 北京：人民出版社，2006：408.
④ [法]布尔迪厄·帕斯隆；邢克超译. 继承人：大学生与文化[M]. 北京：商务印书馆，2002：20.

（二）优化校园文化环境

校园文化环境对大学生教育起着潜移默化的熏陶和启迪作用。一个整洁优美、积极向上、追求真善美、健康和谐的校园文化环境，对大学生的健康成长和发展，对促进大学生良好的人际交往有着重要意义。广义的校园文化环境是校园成员所共同拥有的价值观念在物质和精神上呈现出的文化形态总和。它是大学生社会化和接受思想道德教育的主要场所。物质文化是学校发展过程中积累下来的外在物化形式的总称，它是精神文化的载体；精神文化包括学校的历史传统、校风、人际关系、精神氛围等，它承载着特定的思想文化、价值取向、情感和风气。这里主要是从狭义上使用"校园文化环境"这一概念，即校园精神文化。校园精神文化是一个学校的灵魂，是对大学生进行生态德育的一个重要载体。这是一种适合高校特点，以学生为主体、以课外活动为主要手段、以校园精神为主要特征的精神环境和文化氛围。校园精神文化环境不仅为大学生的价值行为提供参照系，而且对大学生具有一定的软约束力，促使个体接受并践行相应规范，否则会受到群体舆论的排斥。一方面，校园精神文化环境的积极因素满足了大学生对精神文化的渴求并形成文化诱因，并成为大学生内化践行思想道德规范的精神动力；另一方面，校园主流文化、亚文化与个体文化背景的差异容易形成文化冲突，常常使个体感到无所适从。更为重要的是，大学生群体中的不良亚文化和思潮与思想政治教育内容相抵触，而且对个体产生经济和精神的双重的压力，如大学生中的通信、网络和异性交往等消费时尚迫使他们跟风，对大学生产生了不良的影响。

因此，优化校园精神文化环境，主要从以下两个方面着手：

1. 组织校园文化活动

组织开展丰富多彩的校园文化活动，鼓励学生自发地建立兴趣俱乐部，如读书俱乐部、足球俱乐部等，这也是优化校园文化环境的一个重要方面。比如积极创建道德先进班集体、先进个人等评选活动。同时开展扩大大学生交往圈子，增进大学生广泛交流的平民化、大众化的文体娱乐活动，为更多大学生提供锻炼的平台。丰富多彩的校园文化活动让更多有交往困惑的大学生走出自我封闭的个人狭小的生活圈，融入集体的活动之中感受大学生活的多样性，可以增强大学生的思想道德观念、人际交往观念，使大学生在丰富多彩的文化活动中陶冶了道德情操，锻炼了人际交往的能力。

2. 强化社会主义主流教育意识

在社会主义核心价值观的引领下，强化社会主义主流意识形态教育。充分发挥思政课在培养大学生社会主义意识形态中的重要作用，发挥好理论的引导作用。积极发挥高校学生社团在大学生文化形成中的重要作用，社团尽管是学生自发的组织，但要做好对于社团的管理与引导，让学生积极参与到社团充分发挥它在大学校园亚文化和个体文化中的引导作用，使社会主义核心价值观充分发挥其在大学生校园文化中的引领作用和导向价值。

（三）优化大众传媒环境

大众传媒环境作为影响大众思想道德行为和人际交往的一种文化环境，对大学生的人际交往也有着重要的影响。《公民道德建设实施纲要》中对大众传媒提出了明确的要求："大众传媒、文学艺术以及体育活动，对公民道德建设有着特殊的渗透力和影响力。一切思想文化阵地、一切精神文化产品，都要宣传科学理论、传播先进文化、塑造美好心灵、弘扬社会正气、倡导科学精神，大力宣传体现时代精神的道德行为和高尚品质，激励人们积极向上，追求真善美；坚持批评各种不道德行为和错误观念，帮助人们辨别是非，抵制假丑恶，为推动公民道德建设创造良好的文化氛围。"[①]在当今时代，大众传媒已经成为影响人们思想品德，影响大学生人际交往的重要因素。

因此，结合大学生的特点与大众传媒的特殊性，主要做好这两个方面：

1. 把握舆论导向，优化大众传媒环境

面对大众传媒多样化的特征，一定要加强大众传媒正确的舆论导向建设。习近平在2013年8月19—20日的全国宣传思想工作会议上明确指出："宣传思想工作就是要巩固马克思主义在意识形态领域的指导地位，巩固全党全国人民团结奋斗的共同思想基础。要深入开展中国特色社会主义宣传教育，把全国各族人民团结

[①] 公民建设道德实施纲要[M]. 北京：人民日报出版社，2002：14.

和凝聚在中国特色社会主义伟大旗帜之下。要加强社会主义核心价值体系建设，积极培育和践行社会主义核心价值观，全面提高公民道德素质，培育知荣辱、讲正气、作奉献、促和谐的良好风尚。"在大众传媒多样化的条件下，一定要坚持正确的舆论导向，强化社会主义主流意识形态，坚持用社会主义核心价值体系引导大学生的价值取向与人际交往的思想导向。

2．加强大众传媒对大学生的教育导向

现代社会的大众传媒集新闻性、商业性、娱乐性和教育性于一身，没有差别地向全社会的各类成员传递信息。由于经济利益的驱动，必然通过各种感官刺激吸引受众群体，无限地追求扩大收视率和发行量；结果是浓厚的娱乐性和商业性对教育性形成了有力的冲击。因此，有必要从管理上把大众传媒的商业职能和教育职能区分开，并进一步强化教育职能。首先，做好传媒种类的区分，建立专门针对大学生的教育传媒，我国现在已经有了专门的教育频道，但是还需要进一步地改进和提高，否则无法满足大学生的精神需求。其次，做好传媒时段的区分。在我国，充斥黄金时间的既有体现社会主义主旋律的节目，又有大量的内容复杂的商业广告和娱乐节目，因此分段播出制度需要早日建立起来。再次是加强对网络资源的管理。大学生已成为我国网络使用的主力军，网络资源良莠不齐、泥沙俱下，必须加强对网络的管理。

三、创设大学生健康的虚拟交往环境

（一）优化手机媒体环境

手机媒体，是指以移动终端（手机）为媒介，以通信网络为基础，以双向或多向互动为主要传播方式进行信息传播的新载体。它具有大众细分、精准传播、方便快捷、沟通无限等特征。近年来，伴随着智能手机的普及和校园网络环境的改善，手机成为大学生日常娱乐、消遣、信息获取和人际互动的一种主要方式。作为一种新的以通信为主的媒体，它对大学生的生活方式、学习方式、思维方式产生了很大的影响，尤其是对大学生的人际交往产生的影响更为深刻。

1. 大学生手机媒体的广泛使用的益处

手机媒体一方面给大学生日常学习与生活带来了积极作用，主要表现为：

（1）手机媒体为大学生日常交往提供了互动交流的平台。

（2）手机媒体的文字、音频、视频等资源丰富了大学生的业余生活。

（3）手机媒体的广泛使用克服了交往方式的时空障碍，更加迅捷有效。

2. 大学生手机媒体的广泛使用的弊端及对策

（1）大学生手机媒体的广泛使用的弊端。

手机媒体给大学生带来的弊端也是显而易见的：

① 迷恋手机。

大学生对手机的迷恋性和依赖性增强，导致所谓的"手机控"，即人被手机所控制，有手机情结的人。有些大学生总是把手机带在身边，否则会心烦意乱或感到不适，总是不时地查看手机。

② 依赖手机。

过分依赖手机，通过手机的各种功能来填补内心的空虚和寂寞，沉浸在自己用拇指建构的世界里，从而导致了现实的人际交往互动减少、交往能力下降。

③ 长时间看手机。

长期低头看手机，进而引发一些身体疾病，如睡眠不足、眼睛疾病、颈椎病和手机心理依赖症等疾病，有人把这类人也称为"低头族"，长期低头看手机，对青年大学生的健康成长极为不利。

④ 沉迷手机游戏。

有些大学生迷恋于手机游戏、进而成瘾，产生了心理上的依赖，给学习带来不良的影响。

（2）大学生手机媒体的广泛使用的改善对策。

因此，必须采取积极措施，优化手机媒体环境，改善大学生对手机过分依赖产生的不良现象与疾病。

① 教育引导大学生认识手机媒体的利弊。

克服对手机的过度依赖。辅导员、班主任和任课教师，自己先了解和认识手机媒体对大学生成长的不利影响，教育大学生认识依赖手机带来的弊端，能够做到有节制地使用手机。

② 开展"放下手机、大家交心交流活动"的集体活动。

大学生可以以班级或宿舍为单位，或者学校团委引导学生自发组织兴趣俱乐部，让学生从原子式的个体加入社团中来，这样通过多渠道增加现实交往的机会，增进同学们彼此的情感，增强集体凝聚力，提高同学们现实的交往能力。

③ 大学生以客观、理性的态度看待手机。

学校层面可以组织系列讲座，诸如过度使用手机对身体和心理带来哪些不利影响，让学生能理性地认识过度使用手机的危害，进而认识到需要理性地给手机定位，认识它的工具性，而不是拟人性，需要大家从内心把它当成一个工具来看，而不是一种精神依赖品，让手机回归其"工具"的角色。

（二）优化网络虚拟交往环境

互联网作为新兴技术正以强大的攻势渗透人类生活的各个层面中，根据中文互联网数据中心2017年第40次中国互联网络发展状况统计报告发布的数据，截至2017年6月，我国网民规模达7.51亿人，半年共计新增网民1992万人，互联网普及率为54.3％，较2016年底提升1.1个百分点。互联网发展再次提速并进入下一个快速发展期。

随着网络普及程度的大幅提高，网络本身已由单纯的通信工具发展为一个具有丰富途径的交往工具，通过网络所实现的人际交往已经成为人们日常交往的重要方式之一。由于这种交往是建立在互联网所模拟出来的虚拟平台基础上的，因此我们将这种交往形式称为虚拟交往。虚拟交往目前主要通过BBS、QQ、SNS社区、Facebook、微博、微信、抖音、快手等方式进行。

关于虚拟交往的特征、积极因素、负面因素及应对策略具体如下：

1. 虚拟交往的特征

与现实交往相比，虚拟交往具有虚拟性、间接性、隐蔽性等特征。

（1）虚拟性

在虚拟交往中，看不到参与者的年龄、性别、外貌、健康状况、收入状况、职务、职业、种族、国籍和真实姓名，以上信息可以完全是虚构的；

（2）间接性

虚拟交往不受时间空间的限制，具有间接性，现实交往受时空限制，所以人们通常交往范围比较小，而虚拟交往则不受时空限制，可以很容易地跨地区和即时性地交往，这样既便捷又节省成本；

（3）隐蔽性

虚拟交往具有隐蔽性，在现实交往中，人们的交往通常要考虑交往者的身份、地位、年龄、性格，甚至交往的场所情景等因素，交往者对自己的行为本身要承担责任。而在虚拟世界里，这一切不复存在，交往双方不再顾及以上因素，因而也不用担心对自己的行为直接负责，可以做出很多现实中不敢去做的事情。

可以说，大学生是虚拟交往的主要群体，因为他们更愿意尝试新事物，没有工作家庭生活等诸多压力，有更多的空闲时间，由不成熟走向成熟，需要更广阔的发展空间，网络正好提供了这样的交流平台，当理想向现实的转化遇到挫折时，网络正好提供了一个倾诉的平台。以上诸多因素，使得网络虚拟交往成为大学生人际交往的重要方式。

虚拟交往是一把双刃剑，它既为大学生的人际交往带来了积极影响，也存在着诸多负面因素。

2. 虚拟交往的积极因素

（1）虚拟交往有利于拓宽大学生的交往范围

在传统的交往方式下，个体的人际交往常常局限于现实中狭窄的交往圈子，而网络的有效连接，能在短时间内实现"面对面"的交流，达到一种"人—机—人"的状态，网络交往打破了身份、地位、财产等社会等级的限制，突破了国界和地域的局限，为大学生的人际交往提供了更广阔、更便利的交往方式，这种超时空的传播拓展了现实人际交往范围。

（2）可以满足大学生发泄情感的需要，促进其心理健康发展

网络的匿名性和虚拟性使得大胆倾吐内心隐秘、敞开心扉与人交流成为可能，

它能有效消解现实生活中的各种利害关系和顾虑，实现倾诉、宣泄、被人理解的欲望。大学生处于心理成长的重要时期，这有助于他们缓解精神上的紧张、压抑和烦闷等消极心理状态，获得一定程度的心灵安慰，同时也增长了见识、结交了朋友，增强了从不同角度分析问题的能力。网络的虚拟化和隐蔽性为他们发泄情感提供了良好的条件，通过互联网他们可以用自己喜爱的方式进行交流，寻求内心的平衡，减轻和消除人际交往中的焦虑和不安，从而有利于心理健康。

（3）提高了个体主体意识和参与意识

作为开放的系统，网络主体之间是平等关系，人们根据自己的意愿聚散离合，使交往极具个性化。在交往行为的调控和评价方面，大学生逐渐形成并不断强化平等意识和自主意识。

（4）有助于激发个体的创造力

在网络社会里，个体已不仅仅是文化和信息的接受者，而且还是选择者，有时甚至是创造者。网络信息开放式的教育空间，个人与网络之间的互动性，为大学生提供了尽情展示自我的机会和空间。

（5）网络虚拟交往具有非功利的特征

现实交往中，人们的交往总是受或多或少的功利因素的影响，而网络交往中却可以进行单纯的情感交流，使得交往更加纯粹，这有利于大学生身心的健康发展。

3. 虚拟交往的负面因素

（1）网络占据了大学生过多的时间

网络交往挤占部分大学生的现实交往时间，大学生正常的人际交往得不到保障。热衷于网络交往使得部分大学生疏远了现实的人际交往，甚至出现同一宿舍的舍友，有事不面对面直接交流，而是通过网络来交流的情况。长期如此，这必定会对这些同学的心理健康、人际关系产生不良影响；

（2）通过网络交往建立起来的人际关系比较脆弱

正如威尔曼所言，互联网提供的是弱纽带的人际联系。由于网络的虚拟化，交谈的双方无法了解对方的真实情况，这样建立起来的人际关系就显得十分脆弱，就会导致涉世不深的大学生产生信任危机，从而影响自己与他人良好人际关系的建立。

（3）导致大学生在人际交往中丧失应有的交往规范

现实社会对人们之间的交往有一系列的礼仪要求，但当网上交往的自由随意成为习惯后，网下的交往也会不可避免地打上自由随意的烙印，会产生一系列的不符合礼仪要求的交往行为，导致交往的失范与失败。

（4）网络交往容易使一些大学生产生网络性心理障碍问题

具体表现为上网时间失控，沉溺虚拟世界，离开了网络以后，在心理上出现焦虑、忧郁等特征。现实生活中可能患上社交恐惧症，出现角色混乱、反社会人格（攻击性人格，双重人格）等偏差以及行为上的违规、破坏、犯罪等不良现象。

4. 抑制虚拟网络的策略

基于以上原因，网络虚拟交往对大学生的健康十分重要，因而高校管理者要高度重视网络的作用，对大学生的虚拟人际交往作出积极的引导而不是被动应付。

（1）举行系列讲座

在学校层面，举行系列讲座，非常专业地对学生分析网络交往的利弊问题，让学生能理性地对这一问题有充分的认识。

（2）建立兴趣社团

校团委等应积极主动地鼓励学生多建立兴趣社团，开展学生趣味活动，让学生融入团体，感受到现实交往中不可替代的力量。

（3）培养网络心理教育

重视网络心理教育，做好网络心理咨询，大学生的网络心理教育和心理咨询对于普及大学生心理健康意识，增进学生全面素质培养，提高学生人格水平和心理品质具有重要作用。因此，可以在网上设立心理咨询主页，定期更新有关大学生维护心理健康的知识，并由专职心理咨询教师对访问的学生进行心理咨询，解答问题。这样，学生有了心理问题就会有一个好的疏通渠道，不至于陷入网络虚拟中而不能自拔。

（4）培养健康的人际交往心理素质

过度沉溺于网上交往的大学生容易导致对现实人际交往的冷漠。冷漠、孤独状态往往是个体压抑内心愤懑情绪或消极悲观情绪的一种表现，他们表面孤独、冷漠，内心却备受痛苦、寂寞、不满、悲伤的煎熬，有强烈的压抑感。因此，大学生一定要克服这种冷漠、孤独的心理状况，打开封锁的心灵，积极投入现实世界中，与身边的同学、朋友发展友谊与爱情，体验到真实世界生活的多姿多彩和温暖关怀，摆脱冷漠与孤独的困扰，塑造健全人格，发展良好的人际关系。大学生要塑造健全的人格，必须发展良好的人际关系，实现个体社会化的良性发展，对自己人格的缺陷与弱点（如自卑、胆怯、抑郁、冷漠、懒惰、任性、自我中心等）予以纠正。健全的人格对大学生的人际关系能够起到良好的促进作用。学校要对一些心理明显有问题的学生进行特别的关心，提供疏解的渠道，这样就可以避免学生沉溺网络。

第二节　构建大学生人际交往模式

模式作为一种独特的研究范式，它力图从知识形态上解决理论与实践的连接问题，教育模式是教育理论实践化和教育实践理论化的中介。模式以独特的形式既区别于理论知识，也不同于实践知识。思想政治教育模式是连接对话理论与思想政治教育实践的中介，借助模式这一中介，使丰富的思想政治教育理论走向思想政治教育的实践成为可能，并能够积极应对当下大学生人际交往的现实需要，有利于改善和加强师生之间、同学之间的人际交往状况，有利于构建民主、平等新型人际关系，对促进大学生健康成长和发展具有重要的作用和意义。

一、对话模式

长期以来，高校思想政治教育模式一直未能摆脱"主客体二分"思维方式的束缚，这种单一的教育对象物化和非人性化的思想政治教育"灌输模式"，严重地阻碍了受教育者主体性和创造性的提升，由此造成了师生人际交往中的隔阂和关系的疏远，并成为影响师生人际交往不顺畅的重要原因之一。对话作为人类最重要的一项活动，广泛存在于现实的社会生活之中，如何在新时期实现高校教师与大学生之间民主的、平等的对话，如何直面大学生的现实诉求、关注大学生的精神成长和引导大学生形成健康良好的人际交往，成为新时期高校思想政治教育模式构建的重要内容。

（一）对话模式构建的必要性

1. 构建新型人际关系的基础

促进师生人际交往，确立民主、平等新型人际关系的基础。高校师生主体间的对话，其有效性的标志不仅在于促进学生知识的获得与能力的提高，而且在于主体间良好人际交往的展开与和谐人际关系的建立。主体间融洽关系的建立是教育和引导受教育者如何与人交往、与人相处、与人合作、与人共事的过程，融洽的主体间关系的构建同样也是高校思想政治教育精神实质的集中体现。

在师生主体间对话的过程中，教师与学生之间是民主、平等的关系，是把对方看作另一个我，另一个能与之沟通并能理解其所欲表达意义的对方。也就是说，教育者与受教育者之间是一种"我—你"的主体与主体交往实践关系，而不是"我—它"的主体与客体之间的认识和被认识、改造和被改造的对象性关系。传统灌输模式的明显特征是一个主体要使对方成为客体；对话模式则与以往的教育模式不同，对话的双方都是主体，客体则是共同面对的外部客观世界，对话的目的是为了培养受教育者的创造性思维和批判意识，在对话中促进彼此的交往，促使双方共同成长，共同提高。

因此，以对话式教育来透视高校思想政治教育，教育者与受教育者之间不是一种单纯的灌输与被灌输，控制与被控制、塑造与被塑造的关系，思想政治教育主体的对话也不是被人强制和操纵的，而是对话双方的积极合作，是思想政治教育主体间通过对话与交流在知识、能力、性格、态度等多方面的相互深入交往、了解与认识，也表现为彼此交往深入，表现为对话双方之间关系的增进与情感的逐渐加深。融洽和谐的主体间关系也表现为对话双方之间生命的相遇、相契，而不仅局限于思想政治教育活动任务的完成。这样，教育者就由以往知识传授者、话语的霸权者成为受教育者知识成长和精神成长的启迪者、引导者和合作者。受教育者作为一个具有个性特征、人格尊严的主体，在与教育者的相互对话与沟通的过程中，建立起了彼此信任与合作的新型关系，感受到人格的尊严，体验到生命的价值。

由此可见，在思想政治教育对话活动中，教育者与受教育者的关系与以往相比，在性质上发生了根本的变化，非正式性、平等性、灵活性、适应性、创造性将取代追求正式性、权力性、官僚性、僵化性和线性思维模式的传统价值观。

2. 加速受教育者社会化进程的最佳方式

思想政治教育的任务不仅在于主流意识形态的宣传和价值理念的认同，更在于通过主体间的对话与交往，培养具有主体性、创造性和个性化特征的一代新人。在传统的主体—客体二元对立的思想政治教育灌输模式下，教育者以权威的身份主导着思想政治教育的话语权，受教育者对话语的解释、疑问遭到教育者的漠视和忽视。他们无视时代变迁和受教育者个性化差异，力图用一致性的要求、统一性的标准、规范性的内容和划一性的教育模式去塑造规格化、模型化的人，其结果是造成了个性的淹没和创造性的压制，在一定程度上抑制了受教育者（大学生）社会化的进程。而对话主体间的民主、平等，就意味着敞开心扉的心灵沟通与精神交往互动。这种基于对话基础上的人际交往因对象的差异而呈现为对话方式、方法的多样性。只有在这种人与人之间平等交往与对话中，人的潜能和创造活力才被激发、创造出来。

对话像是一种撞击，把潜力激发出来，没有这种撞击，潜力再大也出不来。而个体潜力的发掘也正是个性化发展的核心之所在。从这个意义上说，对话模式是一种人性化和创造性的教育方式，这是生产性的、创造性的、建设性的，而不是复制性的、机械重复性的过程。因此，大学生思想政治教育的重要任务是通过科学有效的对话模式，即教育主体之间的对话和交流，加速大学生社会化的进程与质量，进而提高大学生人际交往的水平，培养大学生的主体意识、批判意识和创新精神，进而培养具有时代精神与个性化特征的新人。

3. 思想政治教育"软权力"作用发挥的有效方式

思想政治教育的对话就意味着主体间民主、平等关系的确立，意味着主体间对立隔阂状态的消除。有了主体间的对话，我们才能接近教育对象，聆听到大学生人际交往中真实的声音，大学生才能接纳和欢迎我们，更愿意吐露他们的心声，抒发他们的真实情感，表达他们的合理诉求，才能改善师生之间人际关系疏远的现状。同样，教育者与受教育者之间对话的开展，使思想政治教育获得了大学生广泛的支持和认同，理论才能进一步深入大学生群体，也易于被大学生接受和掌握。

对话往往表现为主体间的相互尊重、相互理解、相互体谅、相互协商与合作等方式，这样一些民主、平等、柔性化的教育管理方式正是思想政治教育"软权力"的具体体现。从社会管理的视角来看，思想政治教育之所以称之为"软权力"，就在于它区别于"硬权力"，它不是以政治权威身份主宰人，不是以话语霸权压制人，不是以强制的硬性方式约束人，取而代之的是以民主平等的方式接近人，以真诚的爱心关怀人，以真实的情感鼓舞人，以先进的榜样引导人，通过主体间的对话，思想政治教育真正做到了以情感人，以理服人。这样，建立在民主、平等、合作与协商等基础上的对话，使思想政治教育交往活动中主体间的利益表达与实现更为通畅，对话无疑为思想政治教育"软权力"作用的发挥提供了一种有效的方式。

（二）对话模式的特征分析

对话是日常生活中一种较为普遍的语言现象，其理论源远流长，影响深远。但是随着社会的发展和进步，对话已经超越了原始的语言学意义，并且进入哲学、社会学、心理学、教育学等领域而被赋予了全新的意义，有了丰富的内涵和鲜明的特征。

1. 对话的内涵及其对思想政治教育模式构建的启示

对话作为人类交往的一种重要方式，其思想由来已久，在人类历史的长河中，曾有一些著名的思想家主张通过"对话"来探究真理和知识。苏格拉底、孔子等人采用对话的形式来教学，取得了显著的成就，对后世产生了积极的影响。对话往往被认为是探索一定真理、知识的手段，除此之外，对话还被赋予了特定的哲学、社会学、文化学和教育学等多个领域的内涵。对话理论的丰富内涵和研究视角的多样化，在西方文化中有着悠久的传统和深远的影响。

古希腊哲学家苏格拉底以对话的方式启发人们的心智，让人们认识到对话在认识真理过程中的重要性。他把自己的这种对话方式称为"助产术"，寓意开启智慧、循循诱导，苏格拉底的"助产术"被学术界誉为对话教育早期的雏形；俄罗斯的巴赫金作为最早提出对话概念的理论家，他从文学的角度对对话进行了系统研究，认为生活的本质就是对话，人类最基本的关系是一种对话关系。"真理只能在平等的人的生存交往过程中，在他们的对话中才能被揭示出一些来"①；素有"对话"概念之父之称的犹太哲学家马丁·布伯认为，"存在"并非"我"自身所具有，而是发生于"我"与"你"之间，他指出个体"我"不应当把他者视为客体而形成"我—他"关系，而是应当建构平等的"我—你"关系，使人与世界、与他人之间构成平等的相遇，这种"我—你"关系和敞开心扉便被称为"对话"②；被誉为20世纪最伟大的物理学家和重要的思想家、哲学家之一的英国思想家戴维·伯姆认为，"对话仿佛是一种流淌于人们之间的意义溪流，它使所有对话者都能够参与和分享这一意义之溪，并因此能够在群体中萌生新的理解和共识。"对话追求的不是单方面的胜利，而是"一赢俱赢"，"在对话中，人人都是胜者"。③德国哲学家伽达默尔认为，"理解"和"对话"是哲学解释学的中心话语。对话是一种交往关系，对话表现为解蔽、敞开，在相互交流中平等交换，互相接纳，从而产生理解，而任何理解都不可能由理解者的单一角度构成，而是需要理解者和被理解者的"对话"，在此过程中，理解者和被理解者的视角调和起来，形成了"视域融合"现象；④德国哲学家哈贝马斯的交往行为理论则以主体间性的核心概念构建和发展了一种新的社会理论，从其所定义的主体间互动与语言的密切关联来看，交往行为理论包含了对对话交往与协商的肯定。⑤

以上这些丰富的理论为我们深刻认识和全面理解对话提供了众多富有意义的

① 巴赫金；白春仁等译. 文本对话与人文[M]. 石家庄：河北教育出版社，1998：372.
② [德]马丁·布伯；陈维纲译. 我与你[M]. 上海：生活·读书·新知三联书店，1986：7.
③ [英]伯姆；王松涛译. 论对话[M]. 北京：教育科学出版社，2004：4.
④ [德]伽达默尔；洪汉鼎译. 真理与方法[M]. 上海：上海译文出版社，1999：388.
⑤ 徐蓉. 对话模式及其在社会领域的适用性[J]. 学术月刊，2010（6）：13-18.

多维视角，其中比较明显和突出的共同点表现为：以语言交流为中介的对话十分重视对话人作为主体的地位，重视交往过程中主体间对话的平等地位，真理存在于主体间以相互理解为基础对事物的共识，存在于主体间平等的对话中揭示。对话含义的丰富性、多维性也给予对话模式一定的启示。在思想政治教育交往活动中，对话模式是指交往主体间在相互尊重、相互信任和相互理解的基础上，通过言谈、倾听进行的以寻求真知、创造意义和构建完满的精神世界为目标的教育主体之间的平等交流、相互沟通的过程，达到主体之间对知识、经验、智慧、思想和人格等方面的共享，促进个体生命质量和政治修养不断提升的方法模式。在思想政治教育对话模式中，思想政治教育主体间的对话"内含着对民主、平等的人际关系以及对其他个体开放包容心态的倡导，暗含着对人的主体性的弘扬，对个体独特性、差异性的崇尚与尊重"。

2. 思想政治教育对话模式的特征透视

在思想政治教育对话活动中，主体之间交流互动的过程，不仅局限于教育主体之间的语言交流，更是指教育主体之间各自向对方精神世界的敞开和彼此真诚的接纳，是一种真正意义上民主和平等的精神交往与内在交融。在思想政治教育活动中，对话模式具有一些鲜明的特征：

（1）教育主体对话是民主平等关系。

教育主体之间的对话是一种基于民主平等基础上的"我—你"关系。"我—你"关系是马丁·布伯对话哲学的核心范畴，在他看来，人与人之间健康、正常的关系不是彼此把对方看作某种物品的"我—它"关系，而应当是一种主体间的"我—你"关系。在"我—你"关系中，"你"不再是我的经验物、利用物，"我"以"我"的整个存在、全部生命、本真自性来接近"你"，"我不是为满足我的任何需要，哪怕是最高尚的需要（如所谓'爱的需要'）而与其建立关系。"[①]在这种"我—你"关系中，体现了我对"你"的尊重，每个人对于另一个人说来，始终是一个主体，双方在广泛深入交往的同时又保持着各自的独立性。这样，通过教育主

---

① [德]马丁·布伯；陈维刚译. 我与你[M]. 上海：生活·读书·新知三联书店，1986：7.

体之间的对话，个体不仅可以摆脱以往的孤立和"独存"状态，而且还可以与他人产生感情共鸣，更好地激发创造的欲望，获得身心发展的动力和条件。

（2）教育主体对话是共享关系。

在思想政治教育活动中，主体之间的对话关系是一种"共享"关系。思想政治教育交往实践中主体之间的对话作为一种平等的精神性交流与沟通，"实质上是一种共享关系，是教育主体之间共享知识、共享经验、共享智慧、共享精神、共享人生的意义与价值的过程。"在思想政治教育活动中，教育主体从自己对生活的感受出发，以各种不同的方式共同参与到对话中，无拘无束地发表自己的意见和看法，并且积极吸取别人拥有的精神财富，从而达到共享。教育主体之间的这种共享关系，"既是文化共享，即教师作为教育者身份的人，把知识、思想、智慧经验等文化成果提供给而不是传授给学生，师生双方通过对话沟通获得新知，共同提高；也是责任共享，即师生共同承担教学任务，共同为教学成败负责；更是精神共享，即师生相互传递、理解和感受同一种精神体验。通过这几种共享，师生可真正成为'同舟共济'的人。"

（3）教育主体对话是相互理解过程。

教育主体之间的对话是相互之间理解的过程。在教育活动中，教育主体之间的相互理解是指"我们不断地进入他人的思想世界"，能够站在对方的立场看问题，能够相互尊重、将心比心，认可和接受对方的独特性与完整性，对不同的观点与见解有一种宽容和支持的态度。在思想政治教育对话活动中，"师生之间的对话和相互作用的交往是以理解为导向的。对话就是师生双方理解的过程。教师和学生之间进行的交往必须形成相互理解，教育与对话必须以理解为定向。没有双方平等的对话也就不可能形成相互理解与承认，同时，没有理解，双方也很难形成对话，师生之间的对话与理解是相辅相成的关系"。理解是对话顺利进行的前提，通过互相理解进而达到双方观点上的一致和视界的融合。

（三）思想政治教育对话模式的构建

在思想政治教育活动中，教育者和受教育者之间的对话作为个体精神世界的建构和共同创造新意义的过程，其发生并不是自然的，而是基于对话空间的建立、良好对话环境的创设和双方对话品质提高的基础上进行的。

1. 思想政治教育对话空间的建立

对话模式作为思想政治教育对话活动中主体之间的一种情感与心灵沟通方式，要在实践中取得理想的效果，对话空间的建立就显得非常必要。这种对话空间排除了任何形式和价值的强制，创设了多元的目标和多样的选择性，对话的双方在这种空间中能够展现一个真实的自我，能自由地表达自己的心声，自主地选择自己的行动，体会和理解各种价值。这种空间的建构，就必须摆脱以往话语权威单一主导的局面，必须去除他者的任意支配和塑造的行为，必须除去教育者中心化意识，进而创设一种引导性、激励性、支持性的思想政治教育对话的空间，从而把思想政治教育活动变成受教育者自由地与他者对话的活动。同时，"对话空间意味着教育的共同世界是各种不同的声音共同存在的场域，这些不同的声音应该具有相互之间表达、倾听、交流的可能。不同的声音之间的平等性是对话进行的根本性条件。"不同声音之间的相互碰撞与平等交流正是对话精神的体现，民主、平等的对话就意味着思想政治教育中包容多样性，尊重差异、认可多元声音的共存。

在对话空间里，每一个人都是个体生命的完整性存在、个体生命的主体性存在和个体生命的独特性存在，每一个对话者都是行动者和参与者，思想政治教育活动不是教育者的"独白"和"独角戏"，而是教育者和受教育者之间的"对话"与"二人转"。"对话不是灌输式的说服，也不是试图把自己的意见强加于人的论战，更不是一部分人对另一部分的控制和支配。"

2. 思想政治教育对话品质的培养

思想政治教育对话活动的实效性，不是单纯地以形式为评判标准，而关键在于教育者与受教育者要具备一定的对话品质。在思想政治教育对话活动中，主体间良好对话品质的培养，对于提高对话质量，增强思想政治教育的实效性有着积极的意义，对话品质的培养主要体现在以下几个方面：

（1）对话意识的培养

对话意识主要是指能够理解和领悟对话的内涵、意义和价值，对话就意味着既承认教育实践活动中主体间的共通性，又承认主体间的差异性，在主体间彼此沟通和理解的基础上，达成共识，共同提高。对话意识也是一种体现民主和平等精神的意识，它主要包括民主意识、尊重意识、信任意识、体谅意识等。主体间的对话，如果缺乏对话意识和对话意识的培养，其对话的质量和效果就会受到一定的影响。

（2）对话能力的培育

思想政治教育对话不仅体现为一种意识，同时还表现为一种能力。主体间是否具备良好的对话能力是影响对话质量的关键。"对话能力主要包括准确清晰的语言表达能力，对话内容的判断和理解能力，对话过程的调控能力，对话过程中对其他参与因素的掌控能力，以及质疑能力、科学分析能力等。"良好的对话能力是加强和改进彼此对话水平和质量的关键。

（3）对话素养的提升

思想政治教育活动是在主体之间相互的对话中展开的，它是一个言说和倾听的互动过程。因此，对话素养就必然包括言说素养和倾听素养两个方面。言说素养，就是要求对话者语言表达简洁明快，真切准确，不拖泥带水。倾听素养主要表现为用心专注、认真地聆听，倾听也不是被动和机械的，"而是在倾听的过程中积极地分析和解读言说者的思想，进而将言说者所传授的知识和理念融入自身的知识和结构之中，形成新的视界融合。"对话"不仅仅是二者之间的言谈，而且是指双方的内心世界坦诚的敞开和接纳，是对对方真诚的倾听"。主体间良好的言说素养和倾听素养，是开展对话的前提和基础。

二、关怀模式

大量思想政治教育的实践经验表明，成功有效的思想政治教育既要做到以理服人，更应该做到以情感人，主体间有了情感的基础，理论才容易被广大学生所接受和认同。而关怀模式则是交往实践思想政治教育主体间情感交融的有效模式之一。关怀模式，就是指将关怀伦理学应用到现代思想政治教育（道德教育）中，形成注重关怀，关心受教育者的方法模式，其本质上也就是一种人文关怀。有了彼此之间的关怀，人际交往就更加顺畅。

（一）关怀模式构建的必要性

1. 关怀模式是大学生素质教育的价值追求

大学生素质教育面对的是现实的、具体的、活生生的人，教育要取得理想和预期的效果，理应体现人文关怀。素质教育的实质就是做人的工作，要做好我们的教育对象大学生的工作，就应当深入大学生的实际生活，在与他们的交往互动中，全面了解他们的思想动态，洞察他们的心理变化，在全面掌握大学生思想和心理发展状况的基础上，调整我们的工作思路，以关心人、鼓舞人、提升人、尊重人的主体地位，激发和调动人的活力为宗旨，特别是以关心人的内心世界和精神需求为大学生素质教育的价值旨归。我们当前的大学生素质教育，就是在日常人际交往互动中，用社会主义核心价值体系教育和引导学生树立科学的世界观、人生观和价值观，引导大学生更好地成长成才。

大学生素质教育的传统价值追求，始终忽视人文关怀这一内容。长期以来，大学生素质教育一直忽视了人的主体性和对人的现实关怀，忽视了对人的现实需要和精神需要的满足，从而使素质教育逐渐偏离了"现实的人"这一核心主题。实际上，在人与社会发展的关系中，人始终是社会发展的主角，始终是社会发展的能动因素。教育的社会价值，就在于培养出社会发展所需要的人。如果我们的教育脱离一个个现实的、具体的、鲜活的生命个体，脱离每个个体的现实需求和精神需求，教育社会价值的实现只能是一句空话而已。因此，在大学生素质教育中融入人文关怀，构建关怀模式，并以此作为素质教育的价值追求，有利于增强大学生素质教育的针对性和实效性。

2. 关怀模式是大学生思想政治教育的现实需要

关怀总是体现于思想政治教育的实践之中，总是体现在交往双方的互动之中。在大学生思想政治教育活动中，关怀就是指走进大学生的内心世界，消除彼此之间曾经疏远的距离，用人的方式去理解人、善待人、关怀人，特别是关怀人的精神生活。社会的发展要求大学生具备良好的素质，时代呼唤高等教育对大学生融入人文关怀。党的十八大报告也明确提出："加强和改进思想政治工作，注重人文关怀和心理疏导。"大量实践也证明，只有充满人文关怀的思想政治工作才能真正为大学生所接受，才能真正促进大学生的健康成长成才。

在大学生思想政治工作中融入人文关怀，既是适应新时期形势发展的需要，也是促进大学生社会化的需求，还是体现精神文明程度的重要标志。在社会转型期，社会的系统风险增加，与此同时，大学生个体感觉到生存压力的加大。与此相伴的是，大学生在人际交往互动中遇到的问题和困惑也越来越多，这使得大学生思想政治工作面临许多新的挑战和机遇，也给加强和改进大学生思想政治工作提出了新的要求，更是高校思想政治工作者面临的新课题。要解决新时期大学生学习与生活中遇到的新问题，在思想政治工作中只有融入人文关怀，在与他们日常人际交往中，及时给大学生以更多的人生指导、正确的方向引导和及时的心理疏导，才能帮助他们走出人际交往的困境与迷惘，才能够使其健康地成长成才。

（二）关怀模式理论渊源

关怀模式的形成是与关怀伦理学的兴起密切相关的，关怀伦理学是该模式的理论基础。关怀伦理学的理论模型最初是由内尔·诺丁斯提出的。关怀伦理学的出现，与女性主义思潮密切相关。最初它是以"女性主义关怀伦理学"为名而提出，后经伦理学家不断完善，最后发展成为适用于人与人之间普遍关系的关怀伦理学。关怀伦理学的出现，是为了缓解由全球化、国际化以及市场化所引发的社会竞争，以及日益激烈的竞争引起的人际关系日趋紧张化、功利化，"为了缓解这一激烈竞争和紧张关系对人们所造成的伤害，人与人之间需要更多的关怀。在这种情况下，对于人际关怀的需求，就成为社会文明发展与社会稳定过程中出现的重要道德需求，而关怀伦理理论也就应运而生"。

诺丁斯创立的关怀模式是建立在关怀伦理学基础之上的。她认为，人人都生活在关系中，人人都渴望得到关怀，要想实现相互关怀，首先就要每个人有关怀的品质。关怀可以分为两类：一类是自然关怀，它源自爱的、自然而生的情感，是对人或事物的一种自然反应，不需要作出刻意的努力就能实现；另一类是伦理关怀，它是人在自然关怀的基础上发展起来的一种关怀类型。同时，自然关怀可以积累关怀与被关怀的记忆，从而增强伦理理想的力量，最终使伦理关怀得到强化。可见，关怀不是一种纯粹的理性行为，它需要以人的道德情感和自然态度为基础。

诺丁斯认为，"关怀的过程分为四个阶段：关心、照顾、给予关怀、接受关怀。"[①]关怀关系是由关怀者的关怀行为与被关怀者的回应共同促成的，两者相互促进、相互强化，最终实现了对人的道德的建构。关怀不是一种可以独立发展的美德，而是双方共同构建起来的一种道德关系。因此，道德教育的最终目的就是要建立、维系、巩固、提升这种关怀关系。在道德教育中，建立师生的关怀关系、培养学生对他人关怀的感受性尤为重要。关怀始于教师的关怀行为，完成于学生的被关怀感受。因此，学生的感受是推进关怀关系建立和发展的一个重要因素。当我们进行关怀时，应该考虑到他人的观点、他人的物质需要以及他人对我们的要求。我们的注意力和精神应集中在被关怀者身上，而不是我们自己身上。我们的行为应该与他人的需要、愿望及其在特定情境中的客观因素相关联。

（三）关怀模式的特征

关怀是指全身心投入的状态，一种在精神上有某种责任感，对某事、某人的一种担心和牵挂感，因此，关怀也就具有了双重含义，一是指操心某事；二是指关注、关心某人。有了关怀，彼此之间的交往才会进一步深入，主体间才会珍惜彼此的情谊，从而成为一个有血有肉，一个活生生的人。关怀模式的特征有：

1. 关怀是一种主体间的关系行为

关怀的核心在于其关系性，表现为交往互动的两个人之间的一种连续或接触，在思想政治教育实践活动中，一方付出关怀，另一方接受关怀，关怀关系是教育者的关怀行为和受教育者的回应共同促成的，两者相互促进、相互强化，是在双方交往互动的基础上共同构建起来的一种关系。关怀是主体间的一种接触与交流，正如美国著名教育家内尔·诺丁斯所认为的那样："当我真正关怀一个人，我就会

[①] 肖巍：《女性主义关怀伦理》，北京出版社 1999 年版，第 23 页。

认真去倾听他、观察他、感受他，愿意接受他传递的一切信息。这种专注或者关注可能仅仅持续片刻，以后可能出现也可能不出现，但在任何关怀的交流过程中，它都是关键因素"。①

2. 关怀模式注重教育者的榜样引导

在思想政治教育关怀关系中，榜样具有非常重要的作用，学会关怀并不是告诉受教育者关怀的概念、记住关怀的一些原则和方法，而是在主体间彼此关系中展现教育者的关怀，其关怀的展现就是榜样，因此，教师首先要做一个关怀者，以一颗爱心同被关怀者来往，教师的关怀行为对学生践行关怀具有催化之功能。受教育者往往是依靠自己观察教育者如何关怀他人、如何为人处世而获得关怀的价值，人们常常会在一种温馨、真诚、体贴关怀的人群中自然学习到关怀的品德。关怀的品德是通过感染习得，并不是直接教出来的，受教育者从教育者的人格和行动中学到的远远多于他所教的，在教育者的多次引导和示范下，受教育者会在潜移默化中学会如何去关怀他人。

（四）关怀模式的实践方法

师生之间、同学之间良好的人际交往就是要建立、维系、巩固和提升教育者与受教育者之间的关怀关系，既要让教育者在尊重差异的基础上学会关怀，又要让受教育者感受到他人的关怀。关怀模式的有效实施主要有以下几种方法：

1. 榜样示范

教育中榜样的作用是非常重要的，教师要与学生建立起关怀关系，他首先要向学生示范如何做到关怀，如何回应与表达他人对自己的关怀。因此，作为教育者，首先要做到以身作则，以自己良好的形象和关怀行为来感染教育身边的学生。老师先要做一个关怀者，用心与被关怀者交往，用情与被关怀者沟通，用真心、真情与学生交往，与学生交心。只有这样，教师的关怀行为对学生践行关怀才具有催化的功能。在教师的反复示范引导下，学生会潜移默化地从中受到教育，学会如何在交往中去关怀他人。

---

① [美]内尔•诺丁斯；于天龙译. 学会关心——教育的另一种模式[M]. 北京：教育科学出版社，2003：24.

2．实践体验

在学校人际交往活动中，实现关怀的方式是多种多样的，如关心自我、关心身边的人、关心陌生者等都是实践关怀、从中受到教育的有效方式。在大学生日常学习与生活当中，实践关怀的途径可以说俯拾皆是。在与老师、学生、家人交往的过程之中，要给他人以关怀，给他人以温暖，给他人以温情，那我们也同样也会收获别人给予的关怀。学生可以通过广泛的实践活动来全面锻炼与体验关怀，比如学生还可以参与社区服务活动，在真实的生活情境中去实践关怀，体验如何与人建立、维系一种关怀关系。

3．得到认可

在双方彼此的关怀当中，认可是关怀的理想与愿望走向实践的枢纽，要学会关怀则首先需要认可他人的关怀。要让学生实现这种认可，教师要充满温情，以关爱之心来对待学生，关心学生的成长与成才，努力使关怀建立在师生间深厚的情感基础上。当然，认可的实现也不是轻而易举就能够做到的，它要求教师在日常的教育教学活动中，通过行之有效的方式，全身心地投入到对学生的关怀实践中去，让学生体验到一种春风化雨般的关怀。

三、激励模式

改善大学生人际交往状况，提高大学生人际交往能力，进行对话与关怀是非常必要的，除此以外，对有着人际交往障碍的大学生进行激励是非常有效的措施。激励模式在人际交往中承担着提供内在驱动力，改善和激发要素状态，增强思想政治教育组织活力的一种特殊作用。对于改进人际交往有障碍的学生的交往状况，更好地实现思想政治教育目标有着重要的作用。

众所周知，人们无论从事什么活动，产生什么行为，形成什么样的关系，总是受人自身动机的调节和支配的。因此，对于激励模式的研究，实质上就是激励人的动机的研究。所以，为了改善人际交往障碍学生的交往现状，探究当前大学生思想政治工作的有效措施，以激发学生的发展动力，就成为当下高校思想政治教育的重要内容之一。

(一) 激励模式的含义

"激励"一词来源于古拉丁语"movere",意思为"促动",是指以满足个体的某些需要为条件而使其产生去做某事的意愿。英语中的激励是"motivation",它含有激发动机、鼓励行为、形成动力的意义。由此可见,激励实质上就是通过某种有效的外部诱因来引发个体的内在动机,从而调动个体的积极性和创造性,向所期望的目标前进的心理过程。激励是行为的钥匙,又是行为的按钮,按动什么样的激励按钮就会产生什么样的行为。一般来说,激励的含义代表了行为的方向、强度与持续期三种因素间的关系。也就是说,激励水平即实现某一目标的积极性大小,同时要不要为此目标去努力,应为此目标花费多大努力以及此努力应维持多久。

"激励模式"认为,大学生人际交往的激励模式,是一个旨在关心学生、引导学生、鞭策学生,体现"以学生为本"的新型教育和管理模式。它以关注学生的需求为出发点,以激发学生的动机为动力,以规范学生的行为为目标,使学生在激励中不断提高自己的交往能力与水平(如图7-1)。

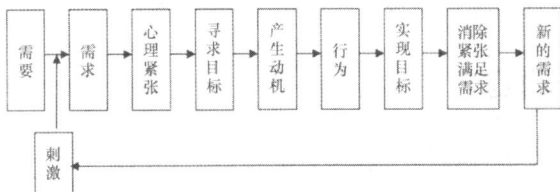

图 7-1 激励过程的基本模式

图7-1非常清晰地展现了一次成功实现目标的激励过程。图7-1中表达着这样的心理过程,需要向需求的转化,依靠的是外部的刺激,进而产生心理紧张;而需求向动机的转化,依靠的是目标的出现;消除紧张.实现目标,满足需求,则依靠行动。由此可见,"行为"是源于人内心的需要,是两者共同作用的结果。

因此,作为思想政治教育工作者,在大学生日常思想政治教育实践中需要做好以下几项工作:一是了解大学生人际交往中的需要,然后设置刺激因素,以使学生的需要转化为需求;二是设置目标导向,引导大学生为实现人际交往的目标而行动。

（二）激励模式的特征

1. 激励模式是一个循环的过程

这一过程包括了这样几个阶段：第一阶段，刺激人的需要产生；第二阶段，在需要的作用下产生动机；第三阶段，在动机作用下引发行为；第四阶段，比较行为的结果，如果行为的结果与预期的目标一致，就会产生一种满足感，从而产生新的需求，强化行为。

2. 激励模式是一种典型的管理艺术的体现

在组织行为中，这样的情形是十分常见的：行为相同，动机不同；或行为不同，动机却相同。相同的动机，由于在寻找方法上的差异，会造成行为上的不一致。这说明，调动人的积极性的激励，对不同的人、不同的情况，应当采取不同的方法。

（三）激励模式的理论借鉴

1. 马斯洛的需要层次理论

美国著名心理学家和行为学家马斯洛（Abraham Maslow）在1943年提出的需要层次理论，是行为科学家试图揭示需要规律的主要理论。他认为，人类都是有需要的，其未满足的需要是产生工作的动机，也是激励他们的因素。他指出，人类的需要是以等级层次形式出现的，由低级到高级分为五个层次，分别是生理上的需要、安全上的需要、感情或归属上的需要、地位和受人尊敬的需要、自我实现的需要。他认为，当一层次需要得到满足时，这一层次需要并未消失，它依然存在，但对人行为的影响却降低了，也就是说，随着个人需求层次的逐渐上升，主导需要也随之发生更替。马斯洛的需求理论告诉我们，每一个人都有不同层次的需要，同一个人也有不同的需要。思想政治教育工作者的任务就在于找出相应的激励措施，以满足尽可能多的学生多元化的需求，当一个层次的需要基本满足时，就要及时地把需要引导到另一个更高的层次上来。

2. 奥尔德弗的 ERG 理论

美国耶鲁大学教授奥尔德弗（C. P. Alderfer）在20世纪70年代提出了一种

新的需要层次理论，即ERG理论。该理论认为，人有生存、关系和成长三种基本需要。生存需要，是指人全部的生理需要和物质需要，如衣、食、住、行等各个方面，这是最基本的需要，组织中的报酬、工作环境和工作条件等都和这种需要有关。这一类需要大体和马斯洛需要层次中的全部"生理"需要和部分"安全"需要相对应。关系需要，是指在工作环境中人与人之间相互关系和交往的需要。这与马斯洛需要层次中的部分"安全"需要、全部"归属"需要和部分"尊重"需要相对应。成长需要，是人要求得到提高和发展的内在欲望。这种需要通过发展个人的潜力和才能得到满足。这一类需要同马斯洛需要层次中部分"尊重"需要和全部"自我实现"需要相对应。

由此可见，ERG理论与马斯洛的需要层次理论相似，激励的行为是遵循一定的等级层次的，但该理论对各层次间存在的内在联系有三个重要的观点：一是在同一层次上，少量需要满足后，会产生强烈的需要。二是较低层次需要满足得越充分，对较高层次的需要越强烈。三是较高层次需要满足得越少，低层次需要则更加强烈。因此可以说，ERG理论是对马斯洛需要层次观点的有力补充。具体表现在以下两个方面：

（1）马斯洛的需要层次理论基于"满足—前进"的逻辑，认为人较低层次需要相对满足后，会向更高层次需要前进。而ERG理论不仅是"满足—前进"，还包括"受挫—倒退"。即较高层次需要得不到满足时，会转向追求更强烈的低层次需要。

（2）ERG理论认为，激发高层次需要不一定要先满足低层次需要。人由于其个体生活经历以及所受教育的影响，可能会使其对高层次需要有特别的欲望。最后，按照马斯洛的需要层次理论，在某一时刻，人的五种需要中会有一种需要表现出主导优势。而ERG理论则认为，一个人可以同时拥有几种需要，而且不一定表现出强度上的多大差别。也就是说，在ERG理论中．这些需要类型间的区分并不是十分严格的，奥尔德弗倾向于使用需要连续体这样的概念。

作为高校思想政治教育工作者应当充分了解大学生在成长发展过程中的多元需要，尤其是关注其交往需要，对那些交往有障碍的学生采取适当的措施来满足他们不同的需要，以便激励他们的行为，进而实现合格建设者和可靠接班人的培养目标。

（四）构建激励模式的基本要求

在高校学生思想政治教育管理工作中，要切实改善人际交往困难学生的交往状况，提高大学生的人际交往能力，促进大学生全面发展，首先需要加强作为教育和管理者自身的建设。在当下教育管理模式变革的形势之下，在全面提倡以人为本教育理念的背景之下，高校每一位思想政治教育工作者和教育者，都应进一步更新理念，明确自己的角色定位，才能切实发挥自身作用，引导和激励大学生健康成长。

1. 树立"育人为本"的教育新理念

高校有别于其他科研机构和企业的特殊性，就在于学生的存在，大学生才是高校的主体。在高等教育由"精英教育"迈向"大众教育"的过程中，大学生在某种程度上已经成为通过缴纳学费而获取教育服务的消费者。因而原有的教育模式、师生关系必然要有一定的改变。时代的发展要求高等教育在教育理念上，应当更加尊重学生的主体性，也要求思想政治教育工作者"深怀爱子之心，恪守为师之责，善谋扶才之策，多办助学之事，满腔热情地帮助青年学生解决他们自身成长中学习、生活的实际需求问题，使他们能够保持成长动机，健康成才"。

高等教育中将"以人为本"的理念落实为"育人为本"的理念，它实质上表明，如果我们不重视学生成长的变化和主观需求，忽视他们所面对的实际问题，仍旧坚持强制性灌输教育模式和刚性的管理模式，在时代发展的今天的确是无效的。"育人为本"的"人"落实在现实中，是指一个个有差异的人，这就要求我们不能以整齐划一的方式去要求所有的教育对象，而应该关注、关心每一个学生的成长。"育人为本"的"本"并不是指我们的教育对象是大学生，而是特指我们的教育对象代表着我国社会的未来与希望。所以我们只有将学生的成长发展需求与社会的发展结合起来，积极引导、耐心指导和悉心教导我们的学生，才能真正实现关心学生与教育学生的功能。

因此，在我们的学生教育管理工作中，要解决好学生的激励问题，一方面，首当其冲的是要解决好我们的教育管理理念。我们广大教育工作者尤其是思想政治教育工作者要树立"育人为本"的理念。恪守"学为人师，行为世范"的师德要求，以自己良好的师德形象为大学生的健康成长成才提供一个良好的空间。另一方面，今天我们面对的大学生也是伴随着数码科技、网络经济和虚拟环境等成长起来的一代学子，外在环境的变化，不仅使得今天青年大学生的动机激励问题更加复杂多样，也同样意味着要有效解决这些问题，仅靠以往的经验、习惯和热情是远远不够的，它需要以智慧、知识和技能形成的过硬的专业本领，做到学生教育管理专业化。

所谓专业化，是指高等学校根据学科分工或生产部门的分工把学业分成的门类。高校的智育都是专业化的，其教师职业岗位是稳定的，专业形象是鲜明的。而面向大学生日常思想政治教育与管理的广大思想政治教育工作者，尤其是辅导员，承担着日常琐碎的工作任务，专业化如何入手，这是当下高等学校需要面对和解决的现实问题和紧迫问题。而要做到思想政治教育工作的专业化，更好地激励学生形成良好的人际交往与互动，需要从以下两个方面着手。

（1）明确学科依托是学生思想政治工作者专业化的前提。

明确学科依托是学生思想政治工作者专业化的前提是管理与服务工作具有的重要的教育职能，所以学生思想政治教育工作者的工作，必须遵循思想政治教育学科所揭示的教育规律，掌握科学化的教育方法。如果不以思想政治教育学科为依托，缺乏科学理论指导，在实际工作中就很难避免事务性和经验性。学生思想政治教育工作者也不能仅仅满足于思想政治教育学科一般理论与方法的掌握，而是要根据大学生思想政治教育的需要与自己的研究特长，确立比较稳定的研究方向，结合具体工作实际，运用相关学科知识，开展大学生思想政治教育的科学研究，提高教育管理质量，促进学生健康成长成才。

（2）进行工作领域划分并形成专门化的理论与方法体系。

进行工作领域划分并形成专门化的理论与方法体系是思想政治教育工作者专业化的关键。思想政治工作面对着学生学习与生活的方方面面。"在当今开放环境、信息社会、多元文化、激烈竞争、风险频发的社会条件下，社会生活经验还比较缺乏，人际交往能力较弱的大学生，他们在学习与生活过程中不可避免地存在着许多迷惘与困惑需要引导和解决。如果我们学生思想政治工作者缺乏对学生学习与生活的了解，缺乏应对这些问题的专业知识，只是一般性和经验性地对待大学生在实际生活中的问题，既与教育担当的职责不相符合，也难以满足学生的现实需要。"在当下科学迅速发展、知识与日俱增、专业技能不断细化的时代背景之下，要想解决学生学习与生活中遇到的迷惘与困惑，我们思想政治工作者只有具备扎实、广博与娴熟的知识与技能，才能增强解决问题的针对性和实效性。比如学生的人际交往就涉及心理学、教育学、管理学等相关知识，如果我们思想政治工作者能在某一个方面成为专家里手，成为学生成长之路上的良师益友，进而能够切实有效地解决学生的疑惑，就能形成有效的动机激励。

2. 教师应成为学生精神成长的引路人

在信息多元化发展的社会，网络的便捷性与内容的丰富性一方面扩展了大学生的知识，方便了他们的生活，但也增加了青年学生从众化的倾向。在各种迷惘与困扰面前，广大青年学子渴望有人能够引导他们前行的方向，给他们引导规划职业生涯，帮助化解困惑烦恼，指点生活迷津。但是在本课题对633名大学生人际交往状况的实际调查中，当问"遇到困难和烦恼，你最想向谁求助？"这一选项时，46.8%的学生选择了好朋友；33.6%的学生选择了自己解决；17.4%的学生选择了家人；1.3%的学生选择了其他人；选择向教师或辅导员解决的学生仅有6人，所占比例为0.9%。这一极低的比例的确让人很吃惊，表明了师生之间关系的淡漠与心理距离的疏远。更多学生选择了好朋友，并不是与好朋友物理距离的近便，而主要是指他们心理上的接近，在朋友面前能够真实地呈现一个完整的自我，能够敞开心扉与朋友坦诚交流。

学生的这一选择同样给我们以深刻的启示，如果我们教师与学生之间密切交往，建立良好的人际关系，使学生能够像对朋友一样与我们进行深入的心灵交流与互动，使我们学生思想政治教育工作者成为学生心灵的守护者和精神成长的引路人，使我们成为学生可以信赖的朋友，那么日常思想政治教育与管理的功能就可以得到最大的发挥。要做到这些，这就要求我们学生思想政治教育工作者首先提高自身的理论水平与敏思明辨的能力，增强解决实际问题的能力，增加对学生学习与生活的了解，深入学生的寝室，课间增加与学生交流的机会，多走进学生的生活，掌握学生的思想动态和他们学习与生活中遇到的困难。真正用我们专业化水平与增强的思想理论本领化解学生的心理问题，给予学生人生的指点，并帮助他们确立远大理想，在这种潜移默化中使学生受到教育，获得精神的动力，这才是我们思想政治教育工作者的本质所在。

第三节　通过重视人文教育来提高大学生的人际交往能力

大学生的人际交往根源在于他们的世界观、价值观、人生观和交往观，这些观念的形成与确立，一方面要受大学生成长的家庭环境、友群环境、学校环境、社会环境和社会大众传媒等环境的影响；另一方面，重视和加强大学人文教育，通过经典文化知识的传授和相应实践使人类的文化成果、文化观念内化为大学生稳定的人格、气质与修养，这对于大学生人际交往能力的提高有一定好处。如果我们从文化的视角来审视人际交往，人际交往就表现为一种文化现象，人际交往中人们表现出的行为、举止，是受其个体观念文化的影响和制约的。同时，观念文化又对人们的行为规范和方式发挥引导和制约作用。

一般来说，一定时期、一个社会的文明程度和文化水平的高低，往往是通过人们的道德修养水平、精神风貌和民风民俗表现出来的。同样，培养有德性、具有爱国主义情怀的高素质大学生，一是思想政治教育，即通过外在的说理方式，确保人才培养的社会主义方向；二是人文教育，即通过潜移默化的作用，提高大学生的道德感、责任感，实现大学生个人修养和公共关怀的统一。可见，有针对性向大学生进行人文教育，向大学生传播中华民族优秀传统文化和世界文化精华，是提升大学生人文修养和人际交往能力的关键所在。

大学教育不仅仅是一种文化知识的学习，同样，大学教育的目的也不仅仅在于生产手工艺人，而在于培养有德性的公民，从根本上提升国民的精神境界。大学人文教育主要是向大学生传播一种思想，根植一种理念，提升人的内在的修养与品质。如果说科学精神可以给人一种永无止境的探索激情和源源不断的创新活力，那么人文精神则可以净化人的心灵，提升人的文化品格和思想境界。

在当下全球化的背景下，"我国年轻的一代大学生如果对生养、培育自己的这片土地一无所知，如果对其所蕴涵的深厚文化，厮守其上的人民，在认识、情感以至心理上产生疏离感、陌生感，这不仅导致民族精神的危机，更是人自身存在的危机。"这是人文教育的大课题。笔者在本次对大学生人际交往现状的调查过程中也明显感觉到，不少大学生存在着人际交往、组织协调能力较差，交往中的自卑情绪、焦虑情绪较浓，害怕与人交往，也害怕人际交往中的失败，固守自己交往的狭小圈子，安于现状，容易满足，缺乏创新和积极进取的精神等一系列问题。

事实证明，人文学科的作用，是眼睛不容易看到的，它具有潜移默化的作用。人文教育主要在于发挥经典文化的引领和导向作用，使人类优秀的文化成果内化为个体人格、气质、修养，成为人具有相对稳定性、恒久性和绵延性的内在品格。通过人文教育，主要是引导大学生学会做人，包括处理人与自然、人与社会、人与人的关系，尤其是要培养大学生人际交往中人与人的关系。同时还培养大学生的理性、情感和意志等。

当今社会发展对大学生提出了新的更高的要求，需要他们具有坚实的专业知识和合理的知识结构，更为主要的是具有良好的行为举止、团队集体意识以及人际交往与合作能力。因此，教育的目标不能只限于给大学生一种专业化、职业化的培养，还要培养具有较高文化素质和文化品格的全面发展的人。我们的教育不仅要注重专业技能培养，而且要注重文化素质和文化品格的教育。如果我们高等教育培养出来的人只懂一门专业知识或一门技艺，不懂哲学，不懂文学，不懂历史，不讲礼貌，不讲道德，不讲奉献，不能与人良好地互动交往，专门利己，毫不利人，急功近利，躁动不安，心胸狭窄，这样的人是我们中国特色社会主义现代化建设所需要的吗？可见，加强人文教育，已经是时代对我们高等教育发出的强烈呼唤，我们应以做好人文教育为契机，改善学生的整体素质，尤其是增强学生的人际交往能力，这是当前教育的关键所在。

近年来，许多大学对于加强人文教育也进行了各种尝试，为探索我国大学本科教育的转型积累了一定的经验教训。但总体来说，我们所在的地方新建本科院校的人文教育仍然比较薄弱，这一方面是在特定的社会转型时期，经济生活剧烈变迁给整个社会生活造成了深刻影响；另一方面，还与人们对人文教育认识的不足和在整个教育中定位的偏颇是有关的。因此，要改变这样一种现状，需要我们把握好以下几个方面的问题：

一、克服对人文教育狭隘性认识，提倡全方位的人文教育

人文教育的核心是培养全面发展的、有人文精神、有责任感和关怀情怀的人。因此，人文教育就不仅仅是通过课程，也不是通过高校人文学科的教师和课程来实现的，它还包括了大学的整体环境，大学的图书馆、大学生丰富多彩的文体活动和社团活动，这些都可以承载人文教育，体现一定的人文精神。并且，人文教育还是高校所有教职员工共同所担负的责任，注重校园人文环境建设，注重高校"隐性课程"的作用，注重日常生活中对人精神点滴的训练与培养，这些都是人文教育的重要形式。

二、制度上进行合理引导，保证人文教育的重要地位

高等教育是对大学生预期发展状态所作的规定，它体现国家、社会对高校学生的总体要求。国外高等教育界在高等教育目标中突出强调人文教育的重要性，目的在于防止学生偏重于理科知识而损害自己的平衡。人文教育本身不仅是传播知识的教育，而且是传授和引导一定的社会价值观念的教育，具有明确的导向性，人文教育就在于引导学生树立国家和社会所期望的价值观和道德观，使学生成为符合时代发展要求的合格人才和可靠人才。通过制度的规范与引导，使更多的人明白："社会不仅需要有关人类所面对的客体世界的规律、原理以及我们如何操作对象的方法，也需要满足人类自身精神需求的信仰、价值理念和人们行为的基本原则和规范。人文教育与人文学术研究，重在对人之生命意义及价值理想的思索，

能提升作为目的的人的品质与境界，所提倡个人的人生理想和群体的社会理想，是牵引社会向前发展的重要精神动力。"

三、人文教育应注重民族性与国际性的有机结合

国外许多高校人文教育方面的课程内容设置多以本民族文化为主，这些课程或规定为必修课程，或规定为核心课程。但国外高校在强调和注重民族性的同时也十分重视国际性，并力图将两者统一起来。在当今全球化时代，我们之所以强调人文教育民族性与国际性的结合，是因为文化是一个民族历史发展的产物，它代表着一个民族的传统，体现着民族的个性，处于全球化的开放时代，我们绝不能再关起门来与世隔绝，而要培养学生的国际眼光，不弘扬中华民族的优秀传统文化，就不能很好地吸收外国文化；而不吸收外国文化，中华民族则难以生存和持续发展。因此，我们高校的人文教育课程应立足于培养学生对中华民族优秀传统文化的自信感和认同感，同样对外来文化要有正确的理解，形成民族意识与国际视野统一的观念。

国内外一些实行人文教育或通识教育的实践证明，通过人文教育，在潜移默化中陶冶了学生的情操，提升了学生的精神境界；培养了学生对民族命运的关注和责任感；培养了学生高尚的人格和健康的心理素质；培养了学生的社会适应能力与团队协作精神，尤其是大学生的人际交往能力有了很大的提高。可以说，人文教育是提高大学生人际交往能力的根本所在。

第四节　借鉴国外培养大学生人际交往能力的经验

随着中国向国际化、现代化的发展，随着中国高等教育向大众化迈进，社会对善于合作人才的需要与当代大学生人际交往困难和障碍突出的矛盾更加凸显。为此，通过各种途径、调动各个方面、运用各种方法，培养大学生的人际交往能力，提高大学生的人际交往素质的任务摆在各高校面前。我们上面所述美、英、日、德四国根据本国的实际情况，探索出的培养大学生交往能力的有效途径给我们以启示。我国应借鉴他们的成功经验，将大学生交往能力的培养工作做好。

一、加强人格教育，夯实大学生构建良好人际关系的内在基础

人格是人的性格、气质、能力等特征的总和。人格是个体在行为上的内部倾向，它表现为个体适应环境时在能力、情绪、需要、动机、兴趣、态度、价值观、气质、性格和体质等方面的整合，是具有动力一致性和连续性的自我，是个体在社会化过程中形成的给人以特色的身心组织。人格是建立人际关系的基础。人格健康与否直接影响着大学生良好人际关系的建立。同时，人际关系的好与坏也能够反映一个人人格健康的状况。人格健康的人能够以诚恳、公平、谦虚、宽容的态度待人，能够尊重他人，因此也能够受到他人的尊重与接纳，与他人建立起良好的交往关系；具有病态人格的人常常以虚伪、偏执、嫉妒、怀疑等态度对待他人，因此也不容易被他人接受，往往遭遇他人的排斥。

人格教育是一种着眼于发展受教育者心理、道德、精神品质，有目的、有计划地运用心理影响、心理训练、心理建构、品性培养等方式提高学生整体心理发展水平，培养学生全面和谐发展的教育观念，使受教育者最大限度地发挥自己适应社会和改造社会的巨大潜力，把个人价值的最大体现和对社会的最大影响作为人生的追求与乐趣，使每个受教育者的人格都得到塑造与提升，最终以形成健全、优良的人格为目的的一种教育活动。

在我国教育史上，著名教育家蔡元培是完整使用"人格"一词的第一人，是在教学实践中积极实施完全人格教育的先行者。蔡元培提出："教育者，养成人格之事业也。"[①]他认为教育的根本职能是人格的塑造，教育的宗旨是"养成共和国健全之人格"。[②]人格教育是教育之本，更是大学生人际关系教育中的首要问题。加强人格教育是国外培养大学生人际交往能力的重要经验。

（一）加强大学生人格教育的必要性

在我国全面推行素质教育的今天，加强人格教育在促进大学生健康成长，加强高校思想政治教育以及构建社会主义和谐社会等方面具有重要作用。

---

① 高平叔. 蔡元培教育论集[M]. 长沙：湖南教育出版社，1987：412.
② 高平叔. 蔡元培教育论集[M]. 长沙：湖南教育出版社，1987：164.

1．加强人格教育是促进大学生健康成长发展之必需

人格是在一定生理基础上，在社会实践活动中逐渐形成和发展起来的，是先天遗传和后天环境共同作用的结果。随着改革开放的不断深入，我国的物质文明发展水平有了明显的提高，同时，也要求具有与之相适应的精神文明，于是，对公民人格的要求也越来越高。面对激烈竞争、充满挑战的现实社会，大学生健康和谐的人格不可缺失。如果没有完整健康的人格支配和约束，青少年在未来的生活中将很难把学习到的知识、品性和行为服务于有价值的人类目的。大学生的素质教育得到了党和国家的高度重视，高校教育的重心正逐渐地从知识教育、能力教育转向人格教育。大学生正处于人生成长中的重要时期，这一时期是人格发展的关键阶段。他们在实践中不断地探索自身发展的道路，校正自己前进的方向，完善自己的人格。在这个关键时期，对大学生进行正确的人格教育尤为重要。人格教育就是把重点放在学生的终生发展上，核心目标是为了让学生学会做人，培养学生具备现代化的人格特征和完善的人格结构，发展学生的心理素质，形成良好的社会适应力，养成与现代社会需要相适应的健全人格。因此，高校实施人格教育有利于当代大学生的健康发展和成长。

2．加强人格教育是增强高校思想政治教育有效性之必需

高等学校思想政治教育的目标是培养德智体美全面发展的人才，其重点是培养学生良好的思想政治品德。健康的人格既是良好思想政治品德形成的基础，又是具有良好思想政治品德的体现。我国目前高校的思想政治教育从总体上说，对健全人格与良好思想政治品德之间的内在关系认识还不到位，因而对大学生的人格教育在思想政治教育中的作用重视不够，这也是影响高校思想政治教育效果的一个重要方面。

实际上，良好思想政治品德的形成过程实质上就是健全人格的形成过程。因此，加强人格教育，针对大学生的素质状况，有目的、有计划地运用心理教育、心理训练、心理建构等方式，促进大学生健康人格的发展，就是促进思想政治教育的完善和发展，就是促进大学生思想政治教育有效性的提高。

3．加强人格教育是构建社会主义和谐社会之必需

加强人格教育是学生健康成长的保证，是提高高校思想政治教育有效性的重

要内容。同时，加强人格教育还与构建社会主义和谐社会有着重要的关系。

思想政治教育的目的是促进个人与社会的和谐统一，个人的和谐发展是社会和谐的前提和基础。大学生是祖国的未来，是国家的栋梁，是社会的重要组成部分，因此，大学生人格素质的状况影响着社会的和谐与发展。构建和谐社会需要的大学生，应具有健全的人格、正确的世界观、人生观和价值观，能够合理地处理个人与自然、个人与社会的关系，做到志存高远、脚踏实地、顽强拼搏、勤于学习、善于创造、甘于奉献。高校要培养出这样的大学生，必须加强人格教育，以提高大学生的整体素质。

（二）当前我国人格教育中存在的问题

新中国成立后，高等教育事业得到了蓬勃发展，但由于受传统教育思想的束缚，高等教育中仍存在着一些滞后的教育思想，其在人格教育问题上体现得明显。

1. 对人格教育的必要性重视不够

教育的主要宗旨只是教人去追求、适应认识、掌握、发展这个外部物质世界，放弃了对学生进行为何而生的教育，而仅仅致力于传授何以为生的知识和本领。长期以来，我国高校虽有较明确的教育目标和教育内容，但是在教育目标中存在着重智轻德的现象，在教育内容中存在着重知识传授轻做人指导的问题，其集中体现就是对学生人格培养重视不够，对大学生人格教育重视不够，没有将其纳入高等教育和大学生思想政治教育的必要内容之列。

2. 人格教育的理论滞后、方法单一

理论是实践的先导，先进的教育理论能够有效地指导实践。但是，目前我国人格教育的理论研究滞后，不能满足社会与教育发展的需要。另外，教育方法单一，目前进行的人格教育的方法基本上是理论灌输法。我国的人格教育在高校主要是通过开设独立、系统的思想政治理论课进行的。到目前为止，思想理论课的教学方法，虽然老师们正在努力进行改革，但相当数量的老师基本上采用的仍是"灌输"式方法，仍然是教育者在课堂上进行传授，而无视学生的主体性。因而缺乏感召力，效果不甚理想。

（三）加强人格教育的途径

1. 提高对大学生人格教育重要性的认识

认识是行动的先导，要加强大学生的人格教育，首先要提高对人格教育重要性的认识。国之兴亡，教育为本；教育发展，德育为先。高等教育的培养目标就是社会所需要的德智体美全面发展的人才。大学生品德发展的重要体现就是形成健康的人格。健康的人格是大学生做人的基础，是大学生正确处理人与人、人与社会甚至人与自然关系的前提，是大学生成长、发展的关键，我们必须予以高度重视。否则，高等教育、高校思想政治教育就没有尽到应有之责。

2. 加强课程建设

（1）课程设置要合理

合理的课程设置是开展大学生人格教育活动的主要载体。以大学生课堂为主渠道，通过开设一系列人格教育课程对大学生进行引导。例如，可以开设应用伦理学、心理咨询、人际关系研究以及团体建设等方面的课程，使学生了解和掌握相关的知识和技能。

（2）课程内容要精练

精练的课程内容有助于学生掌握。为此，课程内容针对性要强，要贴近大学生成长的实际，要有助于大学生掌握形成健全人格的知识和观念。

（3）配备高素质的教师

课程需要教师来上，所以师资的状况直接影响到课程的效果。高素质的教师可以增强课程的吸引力和感召力，使学生终身受益。反之，不仅影响了课程的吸引力，而且使学生产生逆反心理。

3. 推进人格教育理论与方法的研究

理论是实践的指导，要加强大学生人格教育，必须先推进其理论研究。如前所述，美国人格教育的发展与其理论研究的发展有着密切的关系。特别是怀特莱教授"系列计划"的设计与实施起了重要的作用。怀特莱教授根据20世纪70年代美国社会发展与青年成长的实际，以科尔伯格的道德发展阶段理论、洛文格的自我意识发展阶段理论以及目前西方最新的心理学研究成果为理论依据，在综合创新的基础上，提出了大学生人格发展的三要素理论，即以原则思维、道德成熟、自我意识为标志的大学生人格结构理论模型。同时，怀特莱教授等人还综合运用心理学、伦理学、社会学、人类学、管理学等新兴学科的研究方法，对大学生人格发展进行了定性、定量的系统研究，取得了丰富的科学研究成果。[①]这一理论和方法对于指导学校进行人格教育发挥了重要的作用。当前我国在人格教育方面的研究还比较薄弱，我们应在借鉴国外已有理论和方法的基础上，构建具有中国特色的人格教育理论与方法。

二、加大教学改革力度，发挥课堂教学在培养大学生交往能力中的作用

课堂教学是学校的重要教育形式。大学的课堂教学应该是在教师引导下学生积极参加的认识和实践活动过程。在互动的教学过程中，教师将通过先进的教学理念、运用先进的教学方法、将优秀的人类文明成果以及先进的科学技术等教学内容传授给学生，从而提高学生的科学素养和人文素养，引导学生把知识转化为能力，使学生拥有某个专业领域的工作、研究能力，养成良好的品德与个性。充分运用课堂教学培养大学生交往能力是国外高校的重要经验。

（一）我国目前课堂教学中存在的问题

1. "以师为本"的教学理念尚未彻底改变

传统教学理念认为，教师在课堂上是神圣的，是课堂教学的主宰者，是知识的传播者，在课堂上向学生"强迫"灌输理论知识，这种"以教师为主"的片面教学理念决定了教与学的关系：一是以教为中心；二是以教为基础；三是以教定学。教学中的一切都以教师教为出发点，如制订教学计划、教学进度、课堂讲授等一系列教学活动都是围绕"如何教好"开展。在课堂上教师与学生之间也是一种提供知识与接受知识的单向输送关系，教师提供知识．提供实验方案，学生照

[①] 戴艳军，王琳. 对美国大学生人格发展"系列计划"的研究[J]. 当代青年研究，2008（11）：67-70.

单全收，无须思考与扩展；教师提出问题，学生只能回答问题，没有提出新问题的动机与机会；不少高校教师在生活中可以与学生平等相处，但课堂上却是"师道尊严"，一切听老师的。其结果是，教师享受了"权威"的"快乐"，而学生却痛失了学习的兴趣，导致了学生的厌学情绪，出现了或逃课，教师只有靠点名留住学生，或"身在曹营心在汉"、无心听课的现象。

2．互动式的教学方式尚未形成

教学方式是指教师和学生在教学过程中，为了完成教学任务，实现教学目标，采取的基本行为和教学活动在整体结构上表现出来的特征，是教师和学生在教学过程中运用的方法、手段以及体现的风格的总称。传统的课堂教学方式是直接灌输式，即教师通过单一的教学过程把不容置疑的知识和结论直截了当地灌输给学生。理论课希望学生更快地记住现成的结论，实验课则希望学生尽快地验证结论。其结果是，教师教学效率高，学生死记知识快，容易通过考试。近年来，虽然在教学中已贯彻一些新的教学方法，但有的教师则认为互动式的教学浪费学生的时间和精力，学习效率会降低，还容易完不成教学计划。于是，为了弥补课时的不足，他们加大了课堂灌输的力度，减少了学生的思考与讨论。老师在讲台上讲，学生在下面听的教学方法，使学生缺乏思维过程、缺乏探究、缺乏体验，从而失去了锻炼能力、提高能力的机会。

3．重科学轻人文的教学内容尚未从根本上改变

目前的教学内容均是以专业为中心，以行业为目标，知识结构单一，人文教育薄弱，教学内容老化，学生不能根据自己的需要选择学习内容和组建知识结构。现有的专业教材，大部分是按预先规定的每门学科的知识为中心，是按每门学科的逻辑体系来编排，至于通过专业知识的学习怎样培养学生健康人格的问题则很少涉及，学生很难在专业学习中汲取、锻炼为人处世的知识与能力。

（二）发挥课堂教学作用的举措

1．更新教学理念

树立"以生为本"的现代教育理念。教育的首要任务是"育人"，而不是"制器"。教学不仅是传道、授业、解惑的过程，更重要的是帮助学生成长的过程，是

引导学生创造完美人生的过程。教育归根结底是为了学生的发展,因此"以生为本"才是课堂教学的理念。"以学生为本",强调"以学生为主体,教师为主导",教师在确定教学目标、制订教学计划时,首先应考虑学生的实际情况,如认知水平、兴趣特点等,然后再考虑教学内容、教学方法。教师的教学过程不只是忠实执行教案的过程,还是师生共同开发课程、丰富课程的互动过程,让学生也成为课程建设的主人。只有这样,才能激发学生的学习兴趣,学生也才能作为主体对知识的真理性、价值性作出深刻的理解,将知识内化为自身的素养,并在行为中做到追求真知、善用真知,从而提高其整体素质与人格。教师只有确立一切为了学生发展的教育理念,才能做到教书育人,才能发挥课堂教学培养学生人际交往能力的作用。

2. 丰富教学方式

诺贝尔物理学奖获得者杨振宁先生曾说过,中国的教育是填鸭式的,一定要把这个框框打破,才能使得我们的创新人才培养出来。要做到这一点,教师必须努力改变泯灭学生个性的单边教学方式,由单纯的灌输变为积极互动的双向学习,由老师的"一言堂"变为学生积极参与的"群言堂",把学生从课堂的束缚中解放出来,引导学生由被动学习变为主动学习。

教学的过程应是授学生以"渔",而不是授之以"鱼"。教师在教学中应多采用启发式、案例式、研讨式等让学生参与其中的教学方式,使学生不仅学会,而且做到会学。学会,追求的目标是接受知识、掌握知识、积累知识;会学,则重在理解学习过程,掌握学习方法,提高学习能力,主动获取知识,是一种探索性、创新性的学习。应积极探索建立"互助互动"的课堂教学模式,由"教为主动"转为"学为主动",从教师的"自我表现"变为学生的"主体参与",把学生的"维持型学习"转向"创造型学习"。

教师要根据课程的性质特点,采用不同的授课方法,探索各种教学模式,其核心是引导学生参与到课堂之中,做课堂教学的主体,在参与中培养锻炼人际交往的能力。如教师可以通过课堂分组讨论的教学形式来培养、锻炼大学生的团队合作能力。当然,课堂讨论的主题不能仅停留在知识的表层,要有一定的深度,这样才能起到锻炼学生能力的作用，才能激发他们之间交流沟通的热情。

3. 用活教学内容

用活教学内容是指教学内容是知识，但教师要将所教知识由死变活。具体内容如下：

（1）注重"用教科书教"

要求教师不要"教教科书"，而要"用教科书教"，尤其是对于人文社科类的课程更要如此。"教教科书"与"用教科书教"两者在教学目的上不同，"教教科书"追求的是讲清重点，突破难点，帮助学生深刻理解教材规定的内容，领会、掌握教学大纲规定的知识和技能。而"用教科书教"则瞄准学生的发展，虽然也要讲授知识，但更注重用知识促进学生素质的提高。"教教科书"与"用教科书教"两者在教师能动性的发挥上不同。前者教师局限于教科书，生搬硬套地教教科书。后者教师必须充分发挥主观能动作用，即在充分理解教学内容的基础上，运用自己的知识、智慧、能力和经验，融入自己的情感，针对不同的教学对象，让教学内容"活起来"，让"文本课程"中的教学计划、教学大纲、教科书等"死"的东西，转变为活的"体验课程"，使师生的生活和经验融入教学内容，使师生能够切实体验到、感受到、领悟到、思考到课程内容，从而更好地激发教师与学生的积极性和创造性。这样教师就不是处于课程之外，而是课程的有机构成部分，是课程的开发者和创造者。教师对教材的内容可以有自己的独特理解，对教学内容的意义可以有自己独特的解读，以推进教学内容不断与时俱进，使学生既理解和掌握了应学的知识，又拓展了他们的视野和思维，提高了他们的学习能力。

（2）应精简课程结构，还时间于学生

美国高校大学生能力水平较高，与他们的课业负担较轻（一般学生每学期所学课程为3~4门，一般不超过5门课），有充分的时间进行能力锻炼是分不开的。而我国高校目前普遍存在大学生课程负担过重、学分要求过多的情况。据有关专家统计，我国许多高校每学期学生所学课程超过了6门，每周上课28~30学时，有些大学低年级学生每周上课时数竟达35~38学时。繁重的课程使学生身不由己，每天奔波于教室—食堂—宿舍之间，"三点一线"式的重复生活，使学生没有心思和精力去考虑能力的培养。因此，精简课程、压缩课时、还学生自由支配时间，使他们能够真正从事他们所感兴趣的活动，是培养和提高大学生能力的重要前提条件。

（3）加强实践教学力度。

实践教学对学生能力的锻炼所起到的作用是毋庸置疑的，特别是在培养大学生人际交往能力方面更是不容忽视。长期以来，我国高校存在着重理论轻实践的倾向。随着加强素质教育呼声愈益强烈，各高校也在加大实践教学的比重，以期通过加强实践教学环节提高学生的能力。为此，高校应该做到：第一，在课堂设置中加大实践教学比重。如增加实验、实践课程。第二，在理论课教学中增加实践教学环节。第三，更新作业模式，加大实践作业的分量。如多一些让学生亲自动手、亲自实践才能完成的作业，使学生在实践中学会发现问题、分析问题、解决问题的能力，学会团队合作、与人沟通的能力。

三、鼓励学生参加课外活动，营造培养大学生人际交往能力的环境

课外活动作为高校校园文化建设的重要组成部分，具有自愿选择、灵活多样和独立自主等特点，对培养学生的整体素质具有重要的作用。第一，有利于培养学生的自主意识。课外活动突破了课堂教学所受时空和形式的限制，学生可以充分发挥自身的主体性，为今后发展提供更广阔的发展空间。第二，有利于开发学生的潜能。课外活动给学生提供了充分展现个人能力的机会，让他们在活动中更好地了解自己、表现自己。第三，有利于培养学生的组织、协调等社会交往能力。学生在课外活动中，有更多的机会面对各种需要协调的人际关系问题，能使他们学会交流、团结、尊重、宽容，增强了解，拉近距离，增加友谊，创造和谐、融洽的氛围。第四，有利于拓宽学生的知识面。课外活动能为学生提供更多接触其他学科、其他知识的机会，可以有更多参与社会实践的机会。通过把书本知识与社会实践相结合，学生能够增强对理论的理解，拓宽知识面，开阔眼界。国外高校重视利用学生课外活动这一载体，培养学生人际交往能力的经验值得国内借鉴。

尽管课外活动在高校教育活动中发挥着不可替代的作用，但是目前我国的高校课外活动状况还不尽如人意，仍存在一些问题。

（一）我国大学生课外活动存在的主要问题

1．重视程度不够

部分高校在理论上和实践上对学生的课外活动重视不够，把课外活动置于学校教育的边缘地位，对课外活动的组织和管理也缺少关注和支持。即使课外活动开展得比较好的学校，在活动管理中也较多地注重活动的程序和形式，对从广大学生的实际需要出发切实为学生服务，利用活动有意识地提升大学生素质的自觉性不高，导致了活动的效果不明显。此外，作为课外活动主体的大学生，在活动中也往往缺乏自我管理意识，寄希望于学校和教师对活动全程负责，没有将活动的目的内化为自身的追求，在活动中自我管理、自我监督、自我评价、自我发展的意识还较淡薄。

2．机制不健全

我国高校大学生课外活动机制不健全，主要表现在以下几个方面：一是管理机制烦琐。当前我国高校对大学生课外活动的管理普遍是党政合一体制，即由校、院（系）二级管理，教务处、学工（部）处、团委、科技（部）处、后勤处等横向协作，校、院、系学生会、学生社团或个人具体组织操作。这种运行方式管理层次多、分工细、环节杂，专业化特征不够明显，容易导致部门之间权责不清，管理效率低。二是缺乏评价机制。在课外活动管理制度建设方面，大部分高校仅规定了课外活动开展的原则及应遵循的学校规范等，在对大学生课外活动方案、实施过程和效果等方面缺乏科学合理的评估与监测，尚没有形成一套科学的课外活动评价体系。三是保障机制不完善。高校在课外活动政策支持力度上远远不足，虽然有些高校把课外活动与学分挂钩，但是没有连续性的政策支持，人员、经费、设备投入都显不足。课外活动缺乏基本的保障体系。

3．课外活动时间空间短窄

我国大学生课外活动的时间相对较少。在哈佛大学，一个全日制大学生一般每周只需要在教室里听课12—18小时，而每周用于课外活动的时间则是22小时。在我国的大多数高校，一个全日制大学生一般每周在教室里听课24—26小时，而课外活动时间往往又被课后作业所挤占，这种现象在理工科院校表现得更为突出。此外，大学生课外活动的空间狭窄。出于对大学生安全上的考虑，我国一些高校尽量减少大学生以群体形式进入社会的机会，因此大学生的课外活动多局限于校园内。上述情况，不仅造成了大学生课外活动时间和空间上的局限，而且制约着大学生广泛接触社会，拓展交往空间，提高交往能力。

（二）充分发挥大学生课外活动作用的途径

1. 营造良好的校园文化环境

（1）要努力改善校园硬件设施

良好的物质环境是大学生开展课外活动必不可少的条件。高校要根据实际情况以及课外活动的设置特点、性质、规模等，为学生课外活动的开展提供良好的校园硬件环境，从而让学生在良好的校园环境中开展丰富多彩的课外活动。

（2）要创设良好的人文环境

党的十七大报告指出："加强和改进思想政治工作，注重人文关怀和心理疏导，用正确方式处理人际关系。""人文关怀"和"心理疏导"充分体现了以人为本的宗旨。高校要在坚持以人为本的基础上，营造和睦相处的人文环境，健康向上的人文环境，有助于大学生素养的培育和交往能力的提高。宿舍文化环境是高校人文环境的重要组成部分，是学生生活环境的重要内容，对学生的成长起着重要的作用。因此，宿舍文化环境的建设尤为重要。宿舍文化的群体性可以使学生产生归属感，在空间上拉近彼此间的距离，使他们在某些问题上容易达成一致。良好的宿舍文化环境可以使学生在朝夕相处的生活中，不断成熟，不断完善自我，学会与他人相处，学会增加人际吸引的能力。此外，在学生宿舍的管理中，要做到以人为本，提倡人性化管理，特别要树立通过管理来培养学生自我管理、自我服务的意识和能力的理念，通过让学生参与管理活动，使学生学会关心他人，学会宽容和理解，培养构建和谐人际关系的能力。

（3）丰富学生社团和活动

高校学生社团是大学生以专业和一定的社会主题为对象、学生自发组织的群众性团体。高校社团不仅为广大学生提供了一个参与科学研究、学术交流、锻炼组织能力和社会活动能力的场所，也为学生培养社会交往能力提供了有利的时机。因此，高校要尽力鼓励学生组织多种多样的社团，为每位学生得到锻炼创造条件。此外，还应组织各种各样的竞赛活动，因为高校各种各样的竞赛活动不仅可以检验学生掌握、运用知识的能力，还可以提高学生学习的积极性，锻炼和培养学生的组织能力、交往能力和竞争能力。

2．完善课外活动机制

国外的许多高校都设立了学生课外活动的专门指导机构，并形成了一系列的配套管理措施和制度。我国高校对于大学生课外活动的管理，也应建立完善的管理机制，做到领导重视、管理层次清晰、权责明确、运行顺畅，形成对大学生课外活动进行有效的宏观指导与调控。当然，学校对课外活动的管理并非是事事包揽。在管理过程中，学校应遵循合理、适度、合法的原则。此外，还应建立科学、合理的大学生课外活动评价机制。科学、合理的评价体系对课外活动的良性运转具有重要的导向作用。大学生课外活动评价体系应包括对活动的方案、活动组织的实施、活动的效果以及活动的长效机制等四个方面内容的评价。在评价中，要注意把课外活动的思想性、艺术性、学术性、可行性和创新性相结合；要将活动的组织保障、条件提供、过程控制相结合；将活动的参与度和认可度相结合；将活动效果的辐射度和持续性相结合。

3．营造良好的社会氛围

大学生的课外活动不仅在校园内开展，还应走出校园进入社会，使课外活动与社会近距离接触，这对大学生能力素质的提高具有重要意义。为此，大学生的课外活动不仅需要有良好的校园文化环境，还需要有良好的社会环境氛围。比如，社会的安全稳定是大学生课外活动得以进行的重要外部条件，有了稳定的社会环境，大学生才有可能走出校门，参与社会活动。又如，大学生课外活动需要经费，除了学校提供必要的经费外，还可以有来自社会各界的大力支持和无私赞助，社会的赞助可以给大学生开展课外活动提供有力的资金保证。再如，各地宣传部门可以加强对大学生课外活动的宣传报道，让社会了解其活动的性质以及所取得的实效，在全社会形成关注、关心、支持大学生课外活动的氛围。只要具备了安全、和谐的社会环境条件，大学生的课外活动定能较好地落到实处，真正实现与社会接轨，使学生在社会的"熔炉"中得到锻炼。

四、加强心理咨询指导，形成学校教育与学生自我教育相结合的机制

大学生心理咨询是指在大学校园这个特定的环境中，咨询人员根据学生的具体情况，运用心理学的知识和原理，通过与学生谈话和讨论，帮助学生发现自己心理问题的根源，引导其改变原有的认知结构和行为模式，以维护和增进心理健康，促进潜能充分开发和个性全面发展。

大学生心理咨询的要旨就是引导和帮助大学生正确处理学习成才、人际交往、交友恋爱、求职择业、人格发展和情绪调节等方面的心理矛盾和心理问题，提高其对社会生活的适应能力和调控能力，促进学生德智体美全面发展。大学生心理咨询工作的开展，对于大学生的健康成长具有多方面的价值，归结起来主要是：第一，有利于提高大学生的心理素质。心理咨询是一种人际交流的过程，这种师生间的交流有利于帮助大学生调整认知方式，更新认知结构，改变思维模式，使之用积极的态度自觉地做好自我调适，增强心理素质。第二，有利于维护大学生的心理健康。大学生心理咨询对提高学生的心理健康水平起着重要作用，是维护大学生心理健康的重要途径。第三，有利于培养大学生健全的人格。心理咨询可以影响学生人格发展的水平和方向，指导学生认识和检查自己人格发展的合理性与局限性，以便正确地认识自我，接纳自我。

大学生心理咨询在国外高校普遍开展，在我国也已得到充分重视，并在指导大学生健康成长方面发挥了重要的作用，但是从目前来看，大学生心理咨询仍存在着一些不可忽视的问题。

（一）目前我国大学生心理咨询存在的问题

1．心理咨询机构形式化

近年来，由于大学生心理疾病事件的频发，尤其是马加爵事件的发生，使大学生的心理健康教育越来越被认可和重视，很多高校纷纷建立了心理健康教育与咨询机构。但是，在实际的操作中，有一部分心理健康教育与咨询机构还没有发挥其应有的作用，部分还处于"牌子一块，房子一间，人员一个"的状态，主要是为了应付检查和评估。造成此状况的原因，一是因为心理健康教育是一种隐性教育，不能起到立竿见影的效果，也难以产生较大的社会反响，所以一些高校在投资建成心理咨询机构之后，便不再追加投资，也不再支持师资培训，使心理咨询机构陷入了一种尴尬的境地。另一方面是由于具有心理疾病的学生还没有充分认识到此机构的作用，存在着"讳疾忌医"的心理，认为通过自己的调节即可治疗，导致心理咨询机构没有工作可做而成为摆设。

2．制度不完善、机制不健全

由于大学生心理咨询工作在我国高校总体上说还处于发展的初级阶段，其相关工作制度、机制、体系的构建和完善尚需一个过程，因而不同程度地存在着制度不完善、机制不健全的问题。如心理咨询工作机构在名称、场所和隶属关系方面还不规范、心理健康素质测评标准还不规范，缺乏心理问题高危人群的预警机制和心理健康教育的保障机制等。

（二）充分发挥心理咨询作用的途径

借鉴美、英、日、德4国大学生心理咨询工作的经验，我国高校应从以下几方面促进大学生心理咨询工作的开展。

1．提高对大学生心理咨询工作的认识

（1）要明确心理咨询工作

要明确心理咨询工作是学校教育的重要组成部分，确立心理咨询在学校工作中的应有地位。高校师生应充分认识到心理咨询工作对于学生的全面发展，对于促进教育管理的现代化是重要的而不是次要的，是必需的而不是可有可无的。目

前，把心理咨询作为高校思想教育一种途径的观点已为人们所认可，但这还远远不够。因为，它不仅仅是一种途径，而且是高校学生思想政治教育的重要内容，是高等教育的重要内容。

（2）要提高各级教育部门领导的重视程度

如前所述，国外的教育主管部门及高校都非常重视心理咨询工作，有的国家还通过教育立法方式推进心理咨询工作。我国的教育主管部门以及高校的领导，应在现有的基础上进一步提高对心理咨询工作的重视程度，将大学生的心理健康教育提到工作的议事日程，建立由校领导、学工部门、辅导员、班主任、学生党员、学生干部等组成的全方位、多层次的心理健康教育工作体系，形成目标明确、分工清晰、协调互助的心理健康教育工作机制，保证学生从入学开始，直到毕业离校为止，都能接受到心理健康方面的教育和指导。

2．完善心理咨询机制

由于我国高校心理咨询工作历史较短，各项机制还不够完善，所以今后应从师资、投入、培训等方面加强完善。

（1）要配备足够的师资力量

目前我国高校心理健康教育专职教师数量过少，难以满足日益发展的心理健康教育工作的需要。所以要落实人员的编制，同时制定职称评定和相关待遇的政策，建立一支素质优良、专职兼职结合的心理健康教育师资队伍。

（2）要有必要的专项经费

充足经费的投入是心理咨询机构得以正常运行的有力保证，机构的建立、人员的配备、劳动报酬、师资培训以及机构硬件设施的购置等方面都需要有充足的经费做支撑。所以，建立大学生心理咨询经费专项机制非常有必要。

（3）要重视心理咨询员的正规培训

在国外十分强调心理咨询员的培训以及必要的考核和上岗资格的认定，以保证心理咨询工作的科学性和严肃性，从而提高心理咨询工作的质量和权威性。在我国，大多数咨询员处于经过短期培训就上岗，边学边干边提高的状态。此情况符合我国目前的国情，但我们不能停留于此，必须要强化质量意识，强调科学性，逐步完善咨询员的培训、考核、资格认定等制度。只有这样我国高校的心理咨询工作才能逐步走向成熟。

3. 加强心理咨询理论和方法的研究

心理咨询机构结合自身的文化背景以及学生的心理特点，创立适合于独特文化背景和咨询对象心身特点的咨询理论和方法，这是各国、各地区学校心理咨询工作中所强调的。例如，个别咨询与团体咨询相结合的方法，在国外和港台是常见的。相比之下，我国大陆高校重视个别心理咨询，忽视团体咨询。虽然有些院校也开展有关心理健康方面的课程和讲座，但缺乏集体训练活动。所以，面对目前高校扩招学生数量不断增多的情况，团体咨询应是我国大陆高校今后重点发展的领域。如何在吸取西方先进的心理咨询方法的同时，认真研究、总结我国古代的心理咨询思想和方法，结合中国的文化背景和当代学生的思维方式、个性特点、心理状态，创建中国特色的心理咨询理论和方法是高校心理健康教育的历史任务。只有完成这一任务，我国高校心理咨询工作才能自觉地、有针对性地帮助学生处理好成长过程中遇到的包括人际关系问题在内的各种心理问题，引导大学生健康地成长。

参 考 文 献

[1] 官汉蒙. 大学生心理健康教育教程[M]. 长沙：湖南人民出版社，2011.

[2] 杨继忠，胡洁，张洪铖. 大学生礼仪[M]. 北京：北京理工大学出版社，2011.

[3] 杨丽. 人际交往的艺术[M]. 长春：北方妇女儿童出版社，2014.

[4] 麻友平. 人际沟通艺术[M]. 北京：人民邮电出版社，2012.

[5] 马子孔，李沛强. 大学生沟通技巧与艺术[M]. 镇江：江苏大学出版社，2015.

[6] 刘建华. 师生交往论——交往视域中的现代师生关系研究[M]. 北京：北京师范大学出版社，2011.

[7] 刘墉，刘轩. 创造双赢的沟通[M]. 北京：北京联合出版公司，2014.

[8] 李明，林宁. 人际关系与沟通艺术[M]. 北京：清华大学出版社，2012.

[9] 周向军，高奇. 人际关系学[M]. 济南：山东大学出版社，2010.

[10] 敬蓉. 人际交往与社交礼仪[M]. 北京：人民邮电出版社，2012.

[11] 王静. 社会心理学简明教程[M]. 石家庄：河北教育出版社，2010.

[12] 王思斌. 社会学教程[M]. 北京：北京大学出版社，2010.

[13] 王秀阁. 大学生人际交往理论与方法[M]. 北京：人民出版社，2010.

[14] 余世维. 有效沟通[M]. 北京：北京联合出版公司，2012.

[15] 沙风，顾坤华. 大学生社交礼仪[M]. 北京：清华大学出版社，2011.

[16] 李锦云. 大学生心理健康辅导[M]. 北京：北京大学出版社，2010.

[17] 吕翠凤. 人际交往与成功[M]. 南京：南京大学出版社，2012.

[18] 常春娣，张燕云. 大学生心理健康教育[M]. 重庆：西南师范大学出版社，2008.

[19] 陈翰武. 语言沟通艺术[M]. 武汉：武汉大学出版社，2006.

[20] 董泉增，李剑萍. 大学的管理与质量[M]. 济南：山东大学出版社，2007.

[21] 段鑫星，赵玲. 大学生心理健康教育[M]. 北京：科学出版社，2003.

[22] 风笑天. 社会研究方法[M]. 北京：高等教育出版社，2006.

[23] 高湘萍，崔丽莹. 当代大学生人际关系行为模式研究[M]. 上海：社会科学院出版社，2008.

[24] 桂世权. 大学生人际交往指导[M]. 成都：西南交通大学出版社，2007.

[25] 韩延明. 大学生心理健康教育[M]. 上海：华东师范大学出版社，2007.

[26] 胡邓. 人际交往从心开始[M]. 北京：机械工业出版社2008.

[27] 黄希庭. 心理学与人生[M]. 广州：暨南大学出版社，2005.

[28] 贾晓明，陶恒. 大学生心理健康——走向和谐与适应[M]. 北京：北京理工大学出版社，2005.

[29] 金和. 卡耐基社交训练教程[M]. 北京：中国物资出版社，2005.

[30] 金正昆. 社交礼仪[M]. 北京：北京大学出版社，2005.

[31] 乐国安. 社会心理学[M]. 广州：广东高等教育出版社，2006.

[32] 李丽明. 人际交往学[M]. 贵阳：贵州人民出版社，2006.

[33] 李万县. 大学生心理健康[M]. 北京：中国铁道出版社，2004.

[34] 刘红委，牛殿庆. 21世纪大学生心理健康与成才教育[M]. 北京：中国商业出版社，2004.

[35] 卢新华，康娜. 社交礼仪[M]. 北京：北京大学出版社，2007.

[36] 卢志鹏，康青. 新编大学生实用礼仪教程[M]. 北京：北京理工大学出版社，2009.

[37] 吕秋芳，齐力. 大学生心理健康与调适[M]. 北京：华文出版社，2002.

[38] 彭聃龄. 普通心理学[M]. 北京：北京师范大学出版社，2004.

[39] 桑作银，汪小容. 大学生人际交往心理学[M]. 成都：西南财经大学出版社，2008.

[40] 石红，邓旭阳. 大学新生心理自我保健[M]. 上海：华东理工大学出版

社，2007.

[41] 苏琳. 沟通艺术[M]. 北京：机械工业出版社，2008.

[42] 孙智凭，初凤林，柳建营. 大学生心理健康概论[M]. 北京：北京工业大学出版社，2005.

[43] 王革. 新时期大学生思想政治教育研究[M]. 咸阳：西北农林科技大学出版社，2008.

[44] 魏青. 女大学生心理健康指导[M]. 成都：西南交通大学出版社，2006.

[45] 姚本先. 高等教育心理学[M]. 合肥：合肥工业大学出版社，2005.

[46] 张天宝. 走向交往实践的主体性教育[M]. 北京：教育科学出版社，2005.

[47] 张耀灿. 思想政治教育学前沿[M]. 北京：人民出版社，2006.

[48] 章志光，赵玲. 大学生心理健康教育[M]. 北京：科学出版社，2003.

[49] 赵家祥. 马克思主义哲学教程[M]. 北京：北京大学出版社，2003.

[50] 周家华，王金凤. 大学生心理健康教育[M]. 北京：清华大学出版社，2004.

[51] 朱翠英. 大学生心理健康教育[M]. 北京：中国农业出版社，2008.